「劇団伊勢」創立六十年によせて

「劇団伊勢」の物語

――芝居と生きる――

文　堀口裕世
企画・監修　河合真如

「劇団伊勢」の物語

――芝居と生きる――

◉目次

この物語は、「劇団伊勢」について、団長である佐藤太亮《だいすけ》の半生を通して語ろうとするものです。本人の話をもとに構成していますが、幾分のフィクションを盛り込んでいます。また、登場する人物の敬称は省略いたしました。ご了承ください。

「劇団伊勢」の物語

——芝居と生きる——

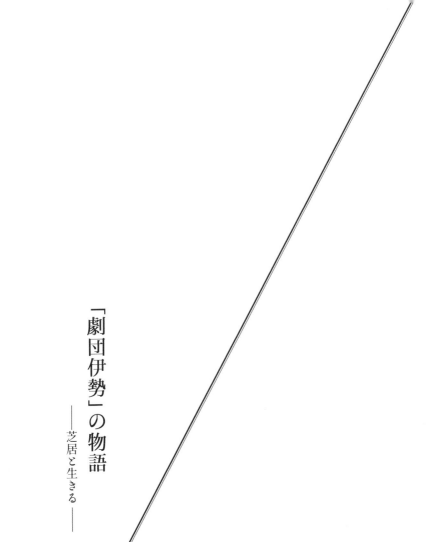

1　草原《そうげん》の子

見わたす限りの草原である。初夏の風になびく青々とした草原を、小さな少年が一人、駆けている。目的などない。目の前にある空間がひらけていれば、この子はかならず走りだすのである。

進んで行く先の野原は次第に草丈が高くなり、少年にはその先はよく見えない。ふいに少年は足を止め、空を仰いだ。大きな低い回転音と共に風が起こり、やがて思いがけない大きさで目前にヘリコプターが浮かび上がったのだ。プロペラの風が少年の顔に吹きつけ足もとの草を揺らす。ヘリは一旦高く上がり、しばらく宙に留まったあと、おもむろに機首を少年の方向に向け、ぐっと下げた。少年と顔を見合わせるような角度だ。

見るが早いか、少年はきびすを返して来た方向へ走りだした。少年の脳裏を、祖母がくり返し話す戦争中の思い出がよぎっていた。

……それでなぁ、その人は、ヘリコプターのプロペラに首を切られて、

亡うなってしもたんや……

「おれ、死んでしまう！」

まさに脱兎のごとく、駆ける、駆ける。全速力で駆ける。背後からはヘリが迫ってくる。プロペラの音と風がどんどん強くなって、振り返らずともそれが近寄ってきているのが分かる。丈の低い草の間を飛ぶように走り抜ける。必死で走っていくと、遠くに畑仕事をする母の姿が見えた。母のきみ子は、祖母の手伝いをするため少年を連れて実家の畑に来ていたのだった。母をめがけて駆け続け、ものも言わずに飛びついた。母に抱きついて、少し自分を取り返すと、もうヘリは追いかけて来てはいないようだ。首をぐるりと回して後ろの空を見た。ヘリコプターが飛行場の方向に戻っていくのが見えた。

――たすかった――

少年は安堵し、母から手を離した。突然飛びついて来て息を切らしている息子に母は驚いたが、この子に驚かされることには、慣れている。

「どうしたんや。こんなに汗かいて、まぁ……」

肩で息をしている子どもの汗をかがんで拭いてやりながら、息子が怪我をしていないのを確かめると、

「お茶飲むか」

と聞いた。うなづく子どもに持参した水筒からお茶を注いで渡してやると、しばらく息子を見つめ、素知らぬ顔で農作業に戻った。脚ががくがくするような恐怖と興奮が去り、二杯目のお茶を自分で汲んで飲み干すころには少年は落ち着きを取り戻し、少し時間が経つと母の近くの草むらで虫を捕って遊びはじめた。

少年の中の恐怖が薄らいだ頃、自衛隊のジープが一台、畑のそばの道に停まった。中から制服を着た自衛官が二人下りてきたので、少年は茂みに隠れた。茂みから覗いていると、二人は母に近づき、何か話しかけた。母は、何度も二人に頭を下げていた。

この少年が、後に劇団伊勢で団長を務めることになる佐藤太亮である。昭和二十九年（一九五四）生まれで、この時五歳。当時は改名前の三津繁《みつしげ》で、「みっちゃん」と呼ばれていた。腕白で怪我ばかりしている子どもだった。「あれがはじめて死を覚悟した瞬間でした。あのあと、母に叱られたという記憶は無いんです」と佐藤は言う。母の実家は明野の飛行場に近かった。大正時代から陸軍の航空学校であったその場所は、戦後十年あまりを経た当時、再び陸上自衛隊の航空学校となっていた。戦前・戦中にくらべると十分の一ほどの規模に縮小され、周囲の整備までは行き届いていなかったのだろう。「あのときは、気付かないまま敷地に入ってしまったんでしょうね。近所でもよく知られた暴れん坊のいたずらっ子でした」と佐藤は当時を振り返る。

彼の記憶に添って、まずは少年期の出来事をたどろう。

2　命知らず

それから三年。三津繁は小学校二年生になった。この頃、彼の家は伊勢市の郊外、村松町で雑貨や食料品を商う店を開いていた。道路に面して店があり、その奥に住まいが続き、更に裏には庭と小さな畑があった。戦後の混乱が落ち着き、経済が高度成長期に入った頃で、父母がはじめた店も軌道に乗り、両親は多忙だった。姉と兄がいる三人兄弟の末っ子である。

ある秋の日。

「お帰り。お天気いいから暑かったやろ」

　母が店から声を掛ける。

「ただいま」

　と答えた女の子は、三津繁の四歳年上の姉・紀子である。この時十二歳。どこか浮かない顔をして店から続いた居間に上がった。娘の様子に気付いた母も続いて居間に上がり、

「何かあった？」

　と聞いた。紀子はランドセルをおろしながら、

「さっき、三津繁を見たん」

　と答え、

「あの子、近所の人に〝ケリー〟って呼ばれてるん、お母ちゃん、知ってた？」

　と聞いた。

「ケリー？」

「うん。テレビでやってる『命知らずのケリー』やって」

「ああ、アメリカのドラマ」

「帰り道にお寺のとこ通ったら、ちょうどみっちゃんが大きい木の上から隣の木へ、ムサ

サビみたいに飛び移ってたんよ。首に風呂敷のマント巻いて」

「またそんな危ないことしてんのや、あの子は」

「まぁ、何とか無事に飛び移って、ほっとしたんやけど。わたしも『わっ』ってびっくりしたけど、近くに居たおばちゃんがもっとびっくりして、腰抜かしそうになって、『あぁ、またケリーが危ないことして。はらはらするわ。もう』って、怒っとった」

「みっちゃんのこと？」

「うん。一緒におった友だちが、『〝命知らずのケリー〟って、この辺の人、みんな呼んでるよ。有名や』って教えてくれた」

「命知らず……」

「いつでも全身傷だらけ、腕も脚もヨーチンだらけやもんなぁ、あの子。なんでみっちゃんはあんなにも動き回っては、行く先々で危ないこと見つけられるんやろなぁ。毎日びっくりさせられる」

「命知らずって、なぁ」

娘の方は気持ちを切り替えた。

「ああ、お腹空いたわ」

「ランドセル部屋に持ってって、手洗っておいな。台所におやつあるわ」

と答えたものの、母の胸には「命知らず」の言葉が重く広がっていた。三津繁がやんちゃでいつも生傷の絶えない状態でいるのはよく分かっている。ひとたび心の中に「やってみたい」という思いが芽生えたら、それを押さえることができず、危険を承知でさまざまなことを試みるのだ。どんなに口やかましく叱っても甲斐がない。でも、芯は思いやりのある利口な子である。いつまでもやんちゃ坊主ではいないだろう。そのうちおさまるに違いない、と自分に言い聞かせてきた。男の子は育つにつれて危険な遊びをするようになるし、それには怪我もつきものだ。おとなしい上の息子の信俊だってそうだった。それはそうに違いないが、あの子は度を超えている。親の知らない所でどんなことをしているのかは分からない。母の心の中に潜んでいた不安を、この「命知らず」という言葉が掻き立てた。

——取り返しのつかない怪我でもしたら——

そう思うと、胸の深いところで、波のようなざわめきが消えなかった。

翌日の午後である。学校から帰った三津繁は、家の近くの道ばたに立っていた。小さな漁港に続く道は、バスも通るこの辺りでは比較的大きい通りではあるが、まだアスファルトの舗装がされておらず石ころだらけで、たまに自転車の人が通るくらい。自動車はめったに通らない。周囲は民家がパラパラと建っていて、畑も多い。

四つ角に立った三津繁の目に入ったのが、少し離れたバス停だ。揺れているススキを背景に、ちょっと威張った感じで立っている。上の丸い看板の上端が少し曲がっているのに気付き、ふと、小石を投げて当てれば、その曲がりが戻るような気がした。

――よし、直してやろう――

小石を拾ってその折れ曲がった部分に当てようと投げつけた。ところが、なかなか思うところに当たらない。少しばかりむっとして、石をいくつか拾っては投げつけた。うまくいかない。むきになってきたところへ、ガタガタブーブーという音とともに土埃を盛大にあげながらバスがやって来た。当時は、鼻が大きく突き出たボンネットバス。ワンマンバスが普及する以前で、お腹のところに大きな黒いがま口鞄を提げた車掌が乗っていた。このバスが、石が当たらないことに悔しさを募らせていた三津繁には、やっつけるべき敵に見えた。祭のときに頭を噛みに来る獅子舞に似ている。そう思うと反射的に、ちょっと大きめの石を拾って、バスに投げつけた。石はボンネットの鼻の所に当たって、ガンッと音をたてた。思いの外大きな音がして、満足感を得た少年ではあったが、もう一つ思いの外であったのは、バスが急ブレーキをかけて止まったあと、若い男の車掌が飛び降りて来たことである。

「こらぁ」

と声を上げている。三津繁はもちろん逃げる。車掌は握りしめた右手を振り挙げて、

「こら、このガキ、待て～」

と追いかけてくる。四つ角を曲がり、開け放したままの店へと逃げ込んだ。日よけの葦《よし》簀《すだれ》のところで小さく身をかがめ、足音もしのばせて、店番をしている母に気付かれない気遣いは忘れない。そのまま、棚の影の死角に身を潜ませた。

車掌は店まで駆け込んできて、息を切らせながら、

「子どもが逃げてきませんでしたか」

と母に聞いた。母は、

「子どもなぁ、さあ、知りませんけど……」

と、まじめな顔で答えている。運転手は、

「このくらいの」

と子どもの身長を手で示し、

「背丈の悪ガキですわ。バスに石投げよって」

と言った。母は黙っている。車掌は母が答えないのであきらめたのか、

「ここに駆け込んだように見えたんやけどなぁ」

当たりをキョロキョロ見回しながら外に出た。バスの横では運転手が「はやく」と手招きして待っている。

「しょうがないなぁ」

と、悔しそうに去って行くのが、商品の間から目だけ出して覗いている少年にも見えた。母がかばってとぼけてくれたのか、駆け込んだ自分に気付かなかったのかは不明だが

――とにかく助かった――

と、三津繁はそっとその場を離れた。

その夕方のこと。縁側で茹でたさつま芋を食べていた少年を、居間から父の永太郎が呼んだ。

「三津っ！」

三津繁は振り返ったが、振り返る前に、父が怒っていることが分かった。普段は釣りに

連れて行ってくれたりして優しい父親だが、昔気質で怒ると怖い。これはなにかまずいことになっているぞと本能的に悟ったが、なすすべがないので黙って父親を見上げていた。父は畳の上に立ったまま、

「おまえ、今日何した」

と聞いた。三津繁は答えない。今日一日にこの子がしたことは数え切れない。どれについて叱られようとしているのか見当がつかないのだ。黙っている子どもに業を煮やした父は、

「バスに石投げたんか」

と聞いた。少年は覚悟を決めて、

「投げた」

と答える。

「なんでや」

父の口調と顔つきはますます険しさを増しているが、石を投げたことに、言葉にできるような理由があろうはずがない。黙ったままの息子に近づくと、その耳を掴み、裸足のまま庭に下りた。

「あ～っ、痛い、痛い」

三津繁は手にした芋を落として大きな声を上げるが、そのまま引っぱられ、軽々と小脇に抱えられてしまった。そして父は、片手で輪にした縄を掴み、暴れる息子を裏庭の一番大きな木の下まで連れて行くと、木に縛り付けた。やんちゃとはいえまだ小さな子どもである。大人の力にはかなわない。あっさりと縛られてしまった。

「放せ」

脚をバタバタさせるが、縄は幾重にもぐるぐると巻かれ、しっかりと結ばれた。手も動かせない。

「人さまに迷惑かけるようなことばっかりしでかして。反省せい」

と父は言うと、ゴツンと頭をこづいて去って行ってしまった。

「放せ～、放せ～」

しばらく叫んでいたが、誰も来ない。三津繁は何とか抜け出そうともがいたが、手も腕も動かせないし、少しの緩みもない。

どうしたものか、としばらく考え込んでは体を抜こうと手や胴体を動かしてみる――を繰り返した。

そのうちだんだんと陽は翳って暗さが増してきた。名残の蚊がぶんぶん寄ってきて、半袖シャツと半ズボン姿の手といわず脚といわず容赦なく刺す。脚は反対の足で掻くことができるが、顔の周りを飛び回って刺す蚊は、追い払うことも掻くこともできずかなりつらい。西の空もすっかり暗くなり、後方の座敷には電灯が点ったようだ。肩口からしっかりと縛られて、首を回してみることもできない。夕飯を食べている頃かもしれないと思うと、少年は空腹を感じた。さつま芋をほんの一口食べたところで、父に呼ばれた。

——ああ、もうちょっと食べておけばよかった——

などと考えていたが、更に夜は更け、濃紺の空に星がきらめいているのを見ると、自分の周りが真っ暗に感じられた。座敷の電灯が消されたのかもしれない。秋の夜のひんやりした空気がひたひたと少年を包む。母も姉も家族はみんな、自分のことは忘れて眠ってしまったのかと、さすがに三津繁も心細くなった。泣くつもりはなかったが、涙が目に溢れてくる。なんとか泣かずにいようと努めるが、うっ、うっ、と嗚咽がこぼれ出す。

泣いていると、

「みっちゃん」

と声がして、母がそばにいた。母は、かがんで息子の目を見つめ、

「あんたは危ないことをしすぎる。それは、あんただけが危ないのとちごて、人を困らせることもあるんやで。今日の車掌さんや運転手さんかて、もしバスが事故でもおこしてたらえらいことになってたし、バスに傷がついてたら上の人に叱られるやろ。分かってるか」

と聞いた。子どもは黙ってうなづく。

「母ちゃんと約束して。危ないことはせんこと、それから人に迷惑にかけんこと。この二つや。ええか」

と聞いた。泣きじゃくりながらうなづいた。母は縄を解きながら、

「おにぎりあるから、食べてお風呂に入り」

と言った。泣きやんだ三津繁は座敷に上がり、にぎりめしをほおばりながら、

「明日の朝、父ちゃんに謝るんやで」

という母にまた首を縦に振ってみせた。


とはいえ、これをもって「命知らずのケリー」の悪名の返上とはならないのが三津繁であった。川で捕ったたくさんの魚を姉の部屋に投げ込んだり、花火で飛ばすロケットをつくろうとして浜辺で爆発事件を起こしたり……と、あいかわらず、にぎやかにやんちゃな

創立当時の「劇団伊勢青年劇場」の舞台
演じているのは、若き日の野村嘉生

少年期を過ごしたのだった。

三津繁が九歳を迎えた昭和三十八年（一九六三）秋には、野村嘉生を代表として「劇団伊勢青年劇場」が発足している。後にこの劇団と深くふかく関わることを、当時のやんちゃな三津繁は知るよしもなかった。

3　一年生部長は二刀流

命知らずとあきれられつつも、三津繁少年は無事に高校生にまで成長した。進学したのは三重県立明野高等学校園芸科。これには姉の勧めがあった。「自然や緑と関わる仕事をめざすのはどう？」

という姉の言葉が、少年の心にするりとはまったのだ。

──自然の中で木や草を相手に仕事をしていく。いいじゃないか！──

「おれ、庭師を目指す」

と心に決めた。

入学とともにバドミントン部に入部。軽快なフットワークが必須のこのスポーツは三津繁にふさわしかった。足取りも軽やかに、日々学校に通った。明るい性格もあってすぐに友人も増え、希望に満ちた十五歳の春がはじまったのであった。

そんなある日、三津繁は教室で担任の篠田に呼びとめられた。この男性教諭は、演舞クラブというものの顧問でもあった。

「佐藤君、演舞クラブへ入ってくれへんか」

と担任は何でもなさそうに言った。

「演舞クラブ？」

「そうや、女子ばっかりのクラブでな、今、男子クラブ員を鋭意大募集中なんや。入ったらすぐ部長やで」

「でも先生、ボク、バドミントン部に入ったんですけど」

「いやいや、知ってるがな。それはそれでがんばったらいい。君やったら掛け持ちでもできる。君をそれができる男と見込んでの頼みや」

「はぁ」

「さっそく、今日の放課後、顔出してな。みんなに紹介するから。たのんだで」

断るという言葉を知らない少年であった。一旦保留しておくという知恵は、もちろんまだない。

――なんとかなるやろ――

と思った。

演舞クラブに入った三津繁は、唯一の男子でもあり、先生の強い推薦もあってそのまま部長になった。この頃、演舞クラブには、週に一度日本舞踊を教えに来る年輩のお師匠さんと、それを取り巻くやけにしっかりした上級生達と、演劇をしたい数名の新入生がいて、ちょっとした対立構造を生んでいた。もちろん日舞グループが主流である。

この少し前の時代から、演劇が新しい思想の表現のひとつとして若者達に流行していた。長く続いた戦争から解き放たれ、平和と高度経済成長の中で生まれ育った若者達は、そのエネルギーを燃やす場所を求めていた。それはたとえば学生運動であり、他方ではロカビリーやグループサウンズへの熱狂、ヒッピーなどとよばれるカウンターカルチャーとファッションの混じったムーブメントなど、多様な展開を見せた。そのひとつが演劇であった。労演（勤労者演劇協議会）は全国規模となり、カリスマ的な指導者を中心とするアングラ劇団が全盛期を迎えるなど、若者文化として広がりを持ち、演劇への憧れは地方の若者にも伝わっていた。

同級生達は、古風な日舞ではなく当時の若者が心をときめかせたような演劇がやってみたかったのだった。三津繁もそちらに魅力を感じた。しかし、しっかり者の上級生達は、そんな話には耳を貸してくれない。今まで通り日舞中心でいくと主張する。

異なる希望を持つ者同士が一緒にやっていくのは難しい。演劇の何たるかをかけらも知らない部長ではあったが、日舞の上級生たちとは一線を画す覚悟で演劇をはじめた。

「まずは文化祭に何か劇をしよう！」

と一年生同士で話がまとまったものの、経験も技術も知識もお金もない、無い無いづくしの生まれたてのグループである。足元は覚束ないが、クラブの上級生達の手前もある。部員達はがんばって練習をはじめた。とはいっても、何をすれば良いかもよく分からない素人集団だ。発声練習を兼ねて歌を歌ったり、朗読をしたり、互いに意見を出し合って、精一杯〝演劇部らしい〟練習に励んだ。

しかし、ここで一つ、大きな問題となったのが、部長がバドミントン部との掛け持ちであるということだった。バドミントン部の練習の途中、ランニングになると演劇部に走ってきて、しばらく芝居の練習に参加する。窓から体育館を覗いて、部の皆がシャトルを打ち始めるとまた体育館まで走り、そちらに参加する。またしばらくするとラケットを持ったまま駆けてきて芝居をする――そんな風だった。

「佐藤君、もうちょっと落ち着いて練習して」

「部長、台詞をしっかり覚えて」

と、毎日のように部員達から小言を言われる。

この事態には、さすがの三津繁も少しばかり悩んだ。部内対立の経験から、女性というものの強さ、てごわさをはじめて知った少年である。

――彼女らの不満を放って置くとまずいことになりそうだ。でも、バドミントンも演劇も続けたい。しかし体は一つだ――

思い悩んだ三津繁は、同じクラスでバドミントン部の高山に相談してみた。彼は、他の同級生達より少し大人びて見えた。少なくとも自分よりは世間を知っていると思ったのだ。

「それは大変やなぁ。女の子は怒らせるとややこしいからな」

高山はすぐに事態を理解した。

「うん。どうしたらええと思う」

「佐藤は、どっちも続けたいんやろ」

「そうなんや。一回やると決めたこと、やめたないんや」

「うん、どっちをやめても先々で後悔すると、僕は思う」

「でも、今のままでは演劇部がうまくいかへんやろ」

「佐藤にはどっちも続けてほしい。けど、女の子らを怒らせたままではまずいな」

「どうしたらええんかなぁ」

「それは話し合うしかないよ」

「話し合いか」

「そうや。自分の気持ちを説明するんや。曖昧なまま逃げてると『自分勝手』とか『テキトーな奴』とか思われるけど、ちゃんと話せば分かってくれるんと違うかな」

「分かってもらいたいけど、う〜ん、自信ないな」

「気持ちが通じたらうまくいくし。ダメやったら、また考えたらええやん」

「そうやな。うん、一回みんなに話してみるわ。バドミントン部の方も言わなあかんな」

と、話し合ってどちらも続ける方向を選んだものの、

「うまく話せるかなぁ」

と、しりごみする三津繁に、高山は秘策を授けた。

「一つだけ気を付けて。女の子には『ご理解を』って、お願いするんやで。上から目線は×《バツ》や」

得難いアドバイスを得て、三津繁はそれを実行した。

まずバドミントン部に自分の気持ちを説明した。男子バドミントン部の先輩達は、他にも複数の部活をしている例もあり、個人競技でもあったので、非常にあっさりと、

「OK、ガンバレよ」

と快諾してくれた。

次いで、演劇部のみんなが集まっているとき、三津繁はおそるおそるそれを切りだした。

そして、

「僕、どっちもやめたくないんや。だから、『ゴリカイ』を、お願いします」

と頭を下げた。部員の女子たちは、ちょっと面食らったようだった。

「どっちもやりたい気持ちは分かってるけど……」

「今のままでは困るよね」

「頭下げられてしまうと、なぁ」

と顔を見合わせ、しばらくひそひそ話し合った。そして、
一、台詞はきっちり覚えること
二、大事な練習やミーティングをする日はバドミントン部の練習を休んでこちらに参加
　するること
という二つの条件を出し、それを守るのであれば、練習を抜けるのを容認し、部活の掛け持ちに最大限の協力をする、と言った。もちろん三津繁に異存はない。話がまとまると、

「協力し合うことが大事やよね。みんなでがんばろう」

「そうと決まったら、文化祭まで時間は少ないよ。さ、練習しよ」

と、女子たちはどこまでも建設的だった。

そして、三津繁に向かい、

「二刀流部長、ファイト」

とほほえんだ。

季節は春から夏へと移り、幼さの残っていた一年生達も高校生の顔になっていた。

秋が深まった頃、高校生活初の文化祭の日が来た。演劇経験の無い者ばかりががんばって挑んだ初舞台は、いくつかの昔話をアレンジした短い物語。全員ドキドキが全身に溢れ、外に伝わるほどの緊張感だったが、大きな失敗もなく幕を閉じることができた。他人から見れば学芸会程度であったのかもしれないが、本人たちは満足だった。そして、これが予想外の好評を博した。他のクラスの女子に「あ、お芝居してた子や」などと声を掛けられたり、廊下で知らない先生に「よかったよ」と誉めてもらったり、演舞クラブの上級生達にまで「感動したわ」などと言われて、すっかり三津繁は良い気分になり、舞台に立つことが好きになった。

三年生になろうとする頃、三津繁たちは演劇部独立に向けて話を進めていた。新学期になった早々、一人の部員が、

「新しく来た国語の半田先生は、伊勢高で演劇部の顧問をしていたらしい」

という情報をもたらした。

「いとこが伊勢高の出身で、そう言うとったんよ」

「それ、ええやん」

「顧問になってもらおう」

「半田先生は話しやすい感じやし、一緒にやってくれそうな気がする」

「よし、頼みに行こう」

「うん、みんなで行こう」

と話はすぐまとまり、その足で揃って職員室に向かい、そのままの勢いで、自分の席にいた半田に向かって、

「お願いします」

と頭を下げた。若者の勢いというのは恐ろしいもので、半田は驚きながらも頷いて、承諾の意を示してくれた。とは言っても、演舞クラブの顧問である篠田の立場もあり、熱い思いを抱く高校生たちの知らないところで、大人の事情が片付くまでにはしばらくの時を要したのだった。


何はともあれ、ちぐはぐだった演舞クラブから独立した演劇部のメンバーは、意気揚々、遠慮なく芝居に打ち込んだ。新入生も入り、演劇部はそれらしい体裁も整った。チェーホフの『熊』に挑んだり、学生の演劇コンクールに挑戦したり、演劇好きの英語教師清水に勧められて、部員達と大阪まで労演の舞台を観に行くようにもなり、ますます演劇の魅力

に引き込まれていく三津繁だった。

——芝居って、ええなぁ——

日々そう思いながら、高校の三年間は、あっという間に過ぎていった。もちろん、二刀流は卒業まで通し、バドミントンでもなかなかの好成績を残した。女子部員たちの協力のおかげは、言うまでもなく大きい。女性の力を学んだ高校時代であった。

4　Don't think! Feel.

高校を卒業した三津繁は、大阪市の大きな造園会社に入社した。ふるさとを離れての都会生活。一人暮らしも初めての経験だった。

オイルショックなどマイナスの面はあったものの、右肩上がりの経済成長を続けた日本の中でも万博後の大阪は、伊勢ののんびりした雰囲気とは全く違う、まさにイケイケの都であった。少年のおもかげを脱いで、青年時代を迎えた三津繁は、日々必死だった。測量や製図など、大きな公園やゴルフ場などを造るためのあらゆることを学ばねばならなかった。

やりがいはあったが、二年、三年と大阪での年月が重なるうちに、何かしら息苦しい思いに駆られることが増えていった。だんだんと責任のある仕事をさせてもらえるようになったが、これが、自分の目指した「自然や緑と関わる仕事」なのかという疑問が頭をよぎるのである。

ビルの谷間に造る、木々の根元まで人工物に覆われた公園や、工業製品かと見間違うほど整った芝や立木に大量の薬品を投入するゴルフ場。

——確かに、土地を造成し、そこに木々や草花を植え、石や水を配する仕事だが、これが少年の頃の自分が夢見た仕事なのだろうか——

そんな思いで心が重くなると、三津繁は週末に伊勢に帰った。仕事を終え、電車に乗る。すぐに帰郷できる距離なのはありがたかった。夜の伊勢市駅は人が少なく、そのがらんとした静寂が、

——ああ、帰って来た——

と感じさせてくれる。そして、休日は母校の演劇部にも、時折顔を出した。他のOB・

ＯＧ達もよく出入りして稽古や大道具づくりを手伝ったりしたが、それは名目で、そのあとＯＢ同志で飲みに行くのが主たる目的だったかもしれない。

そんな風に帰省したある夜、いつものようにがらんとした伊勢市駅のホームに若い女性の姿があった。同じ電車から降りたらしい。斜め前を行く姿を見て、ふわっとやさしい印象が駅の寂しげな静けさに似合って、

――いいな――

と思った。

その女性がふと振り返ると、

「あ、佐藤センパイ」

と声を掛けてきた。演劇部の後輩、前村松美だった。高校卒業後は地元で働いていて、酒が強く、面倒見がいい。学生時代はそんなに親しくなかったが、最近は、時折演劇部で顔を合わせ、飲み仲間のようになっている。

「別な人に見えて、びっくりした」

と三津繁は答え、

「どこか行ってたん？」

と聞いた。

「津にいる友達の家に行った帰りなんです」

「そうなんや。そや、まだ早いやろ。一杯だけ、飲もか」

と話が纏まり、いつも皆で行く駅前の店に入った。二人で飲むのは、はじめてである。

軽い乾杯のあと、

「オレが高校三年のとき一年生やったよな」

と三津繁は聞いた。

「はい。覚えてますか」

「それは覚えてるさ。まさかこんなに酒豪に育つとは思ってなかったけどな」

「ははっ」

と松美は明るく笑い、

「高校時代は、あまり話したことなかったですね」

と三津繁のグラスにビールを注ぎながら、

「大阪はどんな感じですか」

と聞いた。

「ん～、にぎやかで、店もいっぱいあって、楽しいけど、窮屈や。どこ行っても人だらけやろ。自然の中で、人のことなんて気にせずに好き勝手して育ってきたから、大阪では手足を縮めて暮らしてる感じ」

「都会ってそうやろね。私は田舎でのびのび暮らしたいな。普段は、休みの日とか、何してます？」

「ちょっと前にブルース・リーの映画見てさ、その後、少林寺拳法習いに行ったりしてる」

「はは、ヌンチャク振り回したり？」

「Don't think! Feel.　アチョ～、や」

三津繁がちょっとふざけて映画の真似をし、二人は大笑いした。他愛ない話に遠慮無く笑い、気軽な会話が続いていく。

——なんかいい——

またしても心の奥でそうつぶやいた。

店を出て、タクシー乗り場で別れるまでの間に、

「私のこと、ほんとに覚えてた？」

と松美が聞いた。

「覚えてたって。おとなしいけどしっかりした子やって思ってた、たしか」

「なんや、もう。そんな感じ？　私には初恋のヒトやったのに」

「なに言うか。たったあれだけのビールで酔っ払ったか」

「ほんとですよ。稽古でもミーティングでも、リーダーシップあるのに楽しくて、いいなぁと思ってドキドキやったのに。もう、がっかりや」

松美はお茶目な顔でそう言うと、にっこり笑って、

「おやすみなさい。またね」

とタクシーの中へと身をひるがえした。

「おやすみ」

と見送って手を振った三津繁の胸のどこかに、ぽっと小さな赤い灯が点ったようだった。


伊勢へ帰ろう。そう決心したのは二十四歳を迎える直前だった。大阪に来て六年がたっていた。今手がけているゴルフ場が完成したら、帰ろう。そう心に決めた。しくしく痛む胃を診てもらったら胃潰瘍という診断が下りたこともあり、伊勢に近い松阪市の造園会社

から誘いを受けたこともあった。そして、演劇部の仲間達――中でも松美の笑顔が――三津繁の心を故郷に向かわせた。

伊勢での暮らしは、三津繁に潤いを与えた。松阪の仕事は、大阪ほど大規模ではないが、そこに憩う人々の姿が見え、周囲の山や川と調和する庭や公園を造ることに、喜びが感じられた。のびのびと仕事をし、自由な時間は友人達と会った。そこには松美の笑顔もあった。たまに友人の入っている素人劇団の舞台に立つ機会もでき、演劇との縁もつながっていた。

しかし、この頃、三津繁の頭の中を大きく占めていたのは、演劇ではなく、オーストラリアへの移住計画だった。オーストラリアは、第二次世界大戦時に国土の広さに比して国民が少なすぎることが問題となり、一九五〇年代から移民を歓迎する制度がつくられ、折からの好景気もあって世界中から多くの若者がかの地へと渡った。〝白豪主義〟と呼ばれ、厳しかったヨーロッパ以外の民族に対する差別も次第に撤廃され、一九七〇年代に入るとアジア系移民を受け入れるようになっていた。〝戦争を知らない子どもたち〟であった当時の若者にとっては、そこは〝夢の大陸〟と捉えられ、憧れる者が多かったのだ。

まだインターネットなどない時代で、友人達と情報を求めて動き回るうちに、次第に本当に行く気持ちが強くなっていった。もちろん松美も一緒である。実際に移住を果たした人達と知り合うこともでき、夢や希望が大きくふくらんだ。さまざまな情報を持ち寄っては、雄大な大地で生きる新たな暮らしについて語り合った。

計画は熟しはじめ、移住先をオーストラリア西部の美しい街・パースと決めた。そして、すでに移住している人の勧めで、実際に見に行こうということになった。話は実行段階に入ったのだった。しかし、その出発の直前、仲間の一人が交通事故にあってしまった。彼は一緒に行くことをあきらめるしかない。仲間はみんな、失意の友を残して新天地に行こうとは思わなかった。当時の彼らにとって、仲間が一人欠けても、それを実行する意味は無いのだった。失意には違いなかったが、事故にあった友人の苦悩にくらべれば小さなものだ。

新しい大地での夢は手放さざるを得なかったが、彼らは若く、他にもたくさんの希望を抱いていた。

5　二人三脚

三津繁は松美と結婚した。二十六歳だった。照れながらプロポーズし、神妙な顔で結婚式を挙げた。もちろん、友人達はわいわいと祝福してくれた。

新婚旅行は沖縄へ。泊まった民宿は満室で、宿泊客は新婚さんばかりだった。夕食時、全員がずらりと広間に並んで食べていても、それぞれのカップルでこそこそ話すばかりなのが三津繁は気に入らない。右隣、左隣のカップルに話しかけてみるが、いまひとつ話が盛り上がらない。松美はそんな夫を見ながら、ニコニコ泡盛を飲んでいる。やがて夕食が終わると、みんなあっさりと各自の部屋に引き上げてしまった。残った二人のもとに、民宿の老主人がやって来た。

「一緒に飲もうさ」

二人とも、もちろん望むところである。

「はい、はい」

と主の杯に泡盛を注ぐ。

「泡盛っておいしいですねぇ」

と松美はご機嫌だ。

「あんたら強いねぇ」

主は目を細め、やがて、

「三線《さんしん》を弾くよ」

と楽器を持ちだした。聞けば主はその名手だという。

「ちょっと待って。それをぼくらだけで聴くのはもったいない」

三津繁は立ち上がり、走って民宿中をめぐると全ての部屋のドアをドンドンと叩き、ドアごとに、

「今からご主人が三線弾いてくれますよ。集まってください」

「聴かないともったいないですよ。広間へ来て〜」

と大声で呼びかけた。やがて、ぞろぞろと宿泊客が集まり、結局全員が出てきて、主の三線を聴いた。哀愁漂う島唄や、にぎやかに囃す曲のそれぞれが心にしみた。その後は飲んで歌って踊って、楽しい宴となった。

部屋に戻った三津繁は、

「やっぱり大勢で楽しんだ方がええよな。島唄にのって、踊って、さ。沖縄に来た！って感じがするやん」

と上機嫌だった。

「でも、新婚さんなんやから、中には迷惑な人もいたかもしれへんよ」

松美は笑って、

「ここのおじいちゃん、みんなが集まってくれてうれしそうやったなぁ」

と夫を見た。

「そうやろ。せっかく弾いてくれるのに、みんなで楽しんだ方がええに決まってる。いちゃりばちょ〜で〜（出会えば皆兄弟）や」

三津繁は、覚え立てのうちなーぐち（沖縄方言）をまじえて答えた。にぎやかなことが好きというよりは、〝寂しがり〟な夫の気持ちを、いつしか松美は誰よりよく分かるようになっていた。

新生活がはじまった。二人はまさに二人三脚で人生を歩みはじめた。たまには我他彼此《がたぴし》所することもあるが、互いに互いを思いあって息を合わせ、また新たな一歩を踏み出す

――そんな風に暮らした。

しかし、ただ一度、三津繁が、妻と共有せず一人で背負ったことがある。結婚して三年を経たころのことだ。二人に初めての子どもができた。ようやく授かった待望の赤ちゃんだ。しかも双子だという。どんどん大きくなるお腹を撫でながら、夫妻は喜びと不安を胸に、子どもの生まれる日を待った。お産は重く、難産であった。

出産を終え、少し快復した妻を見舞うと、松美は赤ちゃんを抱いていた。

「うわぁ、かわいいなぁ」

「さっき連れてきてもらったんよ。はじめて抱っこしたわ」

松美は、明るくやさしい母親の顔になっている。

「こんなちっちゃい手や。本当にかわいいなぁ」

「ほら、この人がお父さんやで。こんにちは、はじめまして、やな」

「こんにちは。よく生まれてきてくれたなぁ。ガラス越しでしか会ってなかったもんな」

「ほんとうに、生まれてきてくれて、ありがとう」

涙ぐんでしばらく赤ちゃんを見つめていた松美が、ふっと目を上げて三津繁に聞いた。

「なぁ、もう一人の赤ちゃんは？何も教えてもらえないんやけど……」

「それがなぁ、ちょっと具合が悪いらしいんや。小さかったやろ。それで、大きい病院へ入院したんや」

「えぇっ、大丈夫なん？」

「うん、心配せんでもええみたいや。松美が元気になる頃には、この子と一緒にうちへ帰れるって」

「ほんとに？ はよ顔みたいわ」

「ちょっとの辛抱や。心配せんでええからな。それより、この子の名前を考えよう。顔見てから決めるって言うてたやろ」

「そうやな。どんな名前がいいかな。女の子やからかわいい名前にしたいなぁ」

「書きやすいひらがなの名前がいいと思う。佐藤ってわりと画数多いから漢字やとちょっといかついやろ」

「『あい』ってどう？ 候補にあがってた中で、私一番好きやわ」

「ええなぁ。響きが優しいな」

「人間の一番大事な心やし」

「この子によく似合うな。あいちゃん」

松美は赤ちゃんの頬をそっと触り、
「あいちゃん。今日からあいちゃんやで」
と呼びかけ、
「もう一人の赤ちゃんも、はよ名前付けたげたいなぁ」
と言った。

産後で弱っている松美には内緒にしたが、実はもう一人の赤ちゃんは、生まれて間もなく息を引き取っていた。男の子だった。この部屋を訪れる前、小さな体を抱いて、三津繁はひそかに泣いたのだった。そして、この子のことは、全て自分が引き受けようと心に決めた。

亡くなった赤ちゃんの死亡届けを出すためには、まず出生届けを出さねばならない。それには命名をしなければならない。

——どんな名前をつけようか——

生まれてすぐ命をなくし、一人で旅立たねばならないわが子に、良い名前を付けてやりたい、と思った。そこで、地元の人の多くが名付けのときに名前をもらいに行く世義寺に行った。

「赤ちゃんの名前をお願いします」

と受付の人に言うと、明るい声で、

「ああ、おめでとうございます。女の子ですか、男の子ですか」

と聞かれた。出生の日時などを書き込んで渡すと、またも、

「おめでとうございます。初めてのお子さんですか」

など、皆から笑顔で祝福の言葉をかけられる。いくつかの候補をもらい、その中で一番好きな「武伸」を選んだ。

その名前を持って市役所に行き、出生届けを出した。そこでも、カウンターの担当者は笑顔で、

「おめでとうございます」

と言い、市から新生児へのお祝いの品をくれた。

「ありがとうございます」

とさりげないようすで受け取って頭を下げたが、祝われるべき赤ちゃんはもういないのだと思うと胸が詰まるようだった。そして、同時に死亡届けも出した。これは、それまで

の人生で一番苦しい経験となった。

やがて、体力を取り戻した松美にも、つらい報告をした。松美は悲しんだが、元気な「あいちゃん」と、ともに親となりともに一人の子を失った夫の存在が彼女を支えた。二人は絆を強め、何でも話し合いわかり合う努力をした。その後、次男・栄祐も生まれ、家族は四人となった。


三十歳を迎えるころ、三津繁は独立を考えていた。

松阪の造園会社で働いた後に誘われて移った庭師の元で、個人の庭の石や木の扱いなどにも充分な技術と知識を身に付け、修業期間は終えたと思えたのだ。資金はなく、土地もなく、援助してくれる人が居るわけでもない。無い無いづくしの状況なのだが、腕と自信は十分に、情熱は十二分にあった。無い無いづくしは高校時代の演劇部創立と同じとはいえ、夫となり父となった今は、あの頃のお気楽さとは全く違う。

三津繁は意を決して松美に言った。

「おれ、独立しようかと思うんやけど」

すると松美は、何でも無いように、

「うん。ええと思うよ」

と答えた。

「ほんとにええの」

「うん」

「だって、子どもたちもいるしさ、かならずうまくいくかどうか、分からへんのやで。何の保証もないわけやし」

予想外の返事に、三津繁はかえって焦った。

「したいんやろ、独立。自信ないの？」

「いや、あるよ。がんばるし。でも、あんまりあっさり賛成するから……」

「止めたって、やるときはやるでしょ。お父さんは反対して止まる人じゃないもん」

と松美は笑った。

「かならず成功させる。でも、はじめは大変やと思うんや」

そう言う三津繁に、松美は、

「もしも、ぜんぜんお金がなくなったら、私は子どもたちを連れて実家に行くわ。そうしたらご飯食べさせてくれるやろ。何とかなるよ」

と、笑顔で言った。

その笑顔に背中を押され、彼は「サトウ造園」をスタートさせた。一生懸命働いた。しばらくは仕事もまばらだったが、一つひとつ丁寧に取り組むうち、やがて顧客もできて来た。松美も子どもの世話から家事一切、経理等の事務仕事も引き受けた上、夫の作業まで手伝った。少しずつ暮らしは落ち着き、三津繁は時折、また舞台に立つような余裕もできた。第六十一回神宮式年遷宮《せんぐう》の御木曳《おきひき》に向けて神宮奉仕会青年部に入り、〝木遣子《きやりこ》〟としての活動もはじめていた。そして松美は、控えめながらまことに面倒見のよい〝肝っ玉母さん〟に育っていた。

6　運命の二刀流　再び

昭和から平成に元号が変わろうという頃、三十四歳になっていた三津繁は、「劇団伊勢青年劇場」に入団した。アマチュア劇団とはいえ、この当時、すでに創立二十五年を数える老舗といえる劇団で、入団の前年の公演「横輪川悲歌」でピンチヒッターとして舞台に立ったことが縁となり、声を掛けられたのだった。

この頃から三津繁は、出演した作品のパンフレット等で〝佐藤太亮《だいすけ》〟という名前を使用している。これは自分で考えた芸名で、この後次第に〝太亮〟が彼の人生の上で幅を利かせるようになっていく。よってこの後は〝太亮〟として彼を語っていくこととする。

その太亮が入団して一カ月経つか経たないか、という頃、彼は劇団の代表・野村嘉生から呼び出された。

「今度の公演、二本立てでやりたいと思う。一本は自分が脚本を書くから、もう一本を君が書いて、演出もしてくれないか」

と言う。入団したばかりの自分にこんな大役を、という驚きはあったが、野村が自分を買ってくれているのが分かり、その思いに応えたいと思った。太亮はかねてから頭にあった案を出した。

「タイムスリップを取り入れた舞台をやってみたいと思っているんです」

以前に上演した「夕鶴」を現代とつなぐ――という構想で、二人の話は盛り上がった。

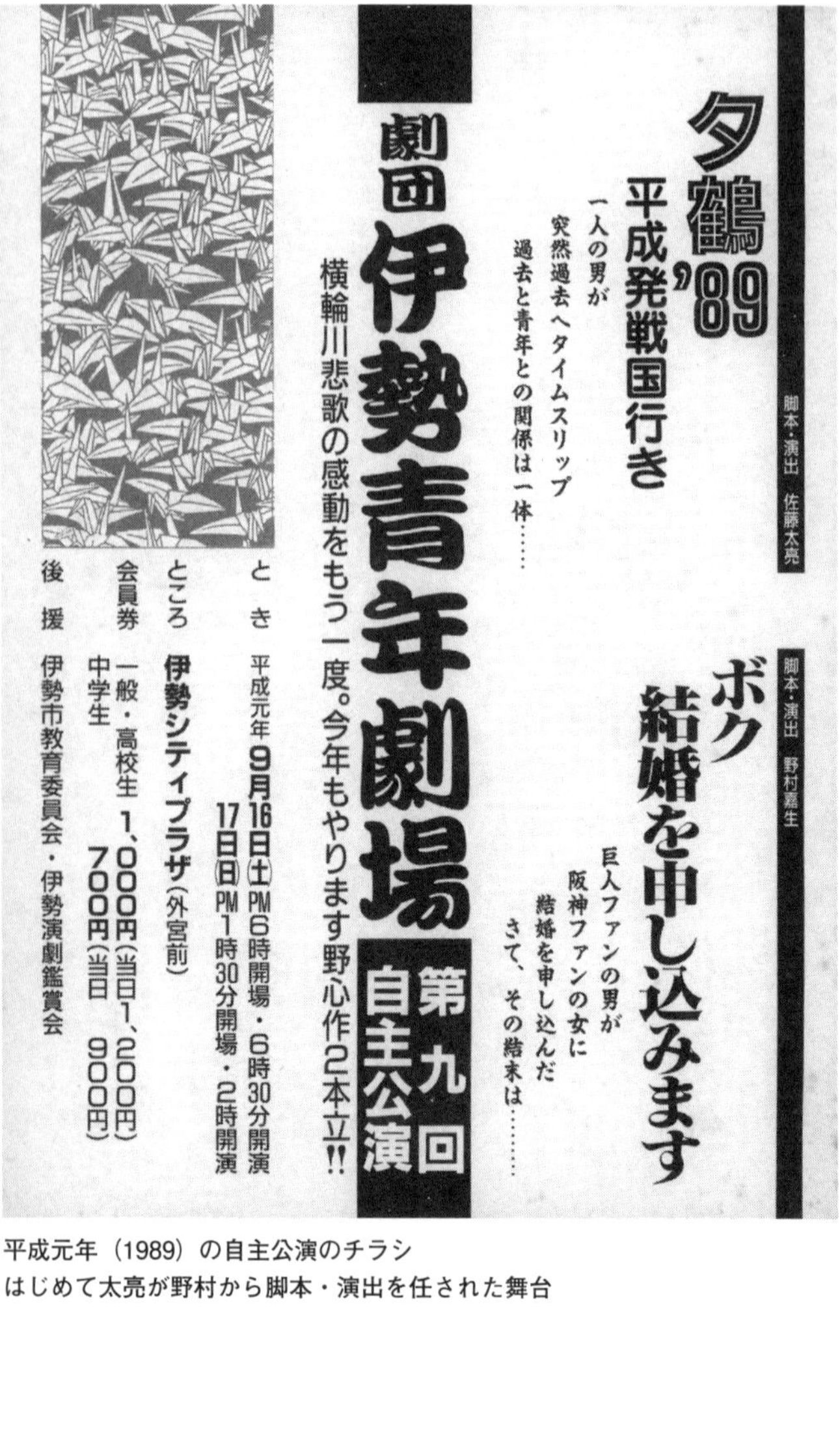
脚本・演出　佐藤太亮
夕鶴'89
平成発戦国行き
一人の男が
突然過去へタイムスリップ
過去と青年との関係は一体……
脚本・演出　野村嘉生
ボク結婚を申し込みます
巨人ファンの男が
阪神ファンの女に
結婚を申し込んだ
さて、その結末は……
劇団伊勢青年劇場
第九回自主公演
横輪川悲歌の感動をもう一度。今年もやります野心作2本立!!
とき　平成元年9月16日(土)PM6時開場・6時30分開演
17日(日)PM1時30分開場・2時開演
ところ　伊勢シティプラザ(外宮前)
会員券　一般・高校生　1、000円(当日1、200円)
中学生　700円(当日　900円)
後援　伊勢市教育委員会・伊勢演劇鑑賞会

平成元年（1989）の自主公演のチラシ
はじめて太亮が野村から脚本・演出を任された舞台

野村には、太亮に賭けてみたいという思いがあった。その頃この劇団は、中心として動いてきた団員達が退団したり、若手と古株の団員達との間に隔たりができはじめ、野村はいくらか行き詰まりを感じていた。そこへ、ピンチヒッターとして現れ、良い芝居で舞台を引き立ててくれた彼の手腕と人柄に惹かれた。しかし、まだ詳しく知らない相手にいきなり全てを託す訳にはいかない。一つの芝居を作り上げるまでをしっかりと見て、劇団を託するに足る人物かどうか判断したいと思っていたのだ。

この時の公演は、野村の脚本による「ボク結婚を申し込みます」と、太亮が脚本・演出を受け持った「夕鶴 '89～平成発戦国行き～」の二本。平成元年（一九八九）九月に伊勢市のシティプラザで上演されている。野村の中で満足のできる出来栄えであり、好評でもあった。

そして、太亮は再び野村の呼び出しを受けた。後に野村が記した回顧録には、「私は佐藤に代表者になってくれと懇願した。――中略――佐藤はこころよく『私でよければ……』と引き受けてくれたのである。そして、代表者制度をこの際廃止しようということになり、団長・佐藤太亮、副団長・野村竜矢、木田礼子、そして、私は顧問になることにしたのである」

とある。

保留や辞退ということを知らないという点で、太亮は少年の頃となんら変わっていなかった。高校一年生のことを思い出し、年上の人から演劇グループの長をまかされるという、全く同じことが起きたと不思議な気がした。

「これっておれの運命かな」

と帰宅後、松美に話すと、松美は呆れたように、

「やっかいな運命さずかったもんやね。お芝居の神さまに遊ばれてるのと違う？」

と笑い、

「もう引き受けてきたんやろ。やらないわけにはいきませんね。はいはい」

とため息まじりに言った。

「ほどほどということが無い人やから、心配やわ」

「大丈夫。二刀流は経験済みや」

軽やかに言う太亮に、松美は一つだけ釘を刺した。

「他の人は、お勤めやったり大きいお店をしてたり、仕事でも家庭でも替わってくれる人がいる。けど、サトウ造園はお父さん一人だけということを覚えていて。お父さんが芝居

にかけた時間、その間、サトウ造園は止まってしまう。それだけは忘れないでよ」

妻としてしごくもっともな主張をしながらも、だからといって夫が演劇に割く時間を減らすことはないだろうと、松美は見通していた。そして、自分がしなければならないことが多くなるのも覚悟していた。しかし、それを負担とは感じない松美であった。


団長となった太亮は「地元路線」「オリジナル脚本」という方針を打ち出した。地元伊勢の劇団だということを強く意識し、故郷の歴史や伝説、偉人などをテーマにして地元の人々に伝え、訴えていきたい。既製の芝居をただ演じるのではなく、この地ならでは、自分たちならではの芝居をしたいと思ったのだ。

その最初の舞台は、劇団としては第十回の自主公演、「松井孫右衛門　～魂は時間を越えて～」であった。江戸時代、暴れ川であった宮川の改修のために人柱となった庄屋の話で、この劇団の旗揚げ公演（「人柱」・昭和三十九年）でも取り上げたテーマを大幅に書き換えた。野村の脚本、演出は山本正司。太亮は主役の孫右衛門役を演じた。

この公演は異例な点が多かった。商工会議所会頭の吉田正路が委員長を務める実行委員会が組まれ、劇団外部の人々を交えて組織的な運営がなされたこと。三重県作詞作曲家協

「松井孫右衛門」の舞台から

昭和 39 年（1964）の「人柱」以来、江戸時代に宮川堤を築くため命を捧げた「松井孫右衛門」はこの劇団を代表するテーマの一つとして、繰り返し上演されてきました。以後、地元の偉人や伝説等の人物を主題とする演目を上演し、伊勢の歴史やそこに流れる心を伝え続けています。

会の会長であった逵原ミレイが主題歌をつくり、開演時に披露されたこと。ＮＨＫが後援し、ニュースで伝えただけでなく、密着のうえ約三十分間のドキュメンタリー作品として「日本まんなか紀行」という番組で放送されたことなど、かつてない華々しい公演となったのだった。観客数は千人を超え、地元の人々が集めてくれた広告費などのおかげもあって経済的にも黒字という大成功をおさめた。

一気に話題を集め、注目の的となった劇団伊勢青年劇場は、プロの劇団である東海芸術アカデミーの公演にも一部の団員が出演するようになったり、太亮の高校時代の後輩たちが次々に入団するなど、野村の言葉を借りれば「良いこと尽くめの第十回自主公演」であり「完全に昔のカラを打ち破り、恐ろしいくらい充実した劇団に生まれ変わった」という状態になったのだ。

太亮の団長デビューは大成功だったが、私生活では、当然、多忙を極めることになった。ときは平成三年（一九九一）。二年後の神宮式年遷宮に向けて活気づく伊勢のまちで、太亮の胸も希望にふくらみ、ときめいていた。

大好評の余韻がまだ冷めやらぬ間に、太亮たちは次の舞台の準備に取りかかった。翌年の平成五年は劇団創立三十周年を迎えるし、二十年に一度の御遷宮の年でもある。平成四年は小さめの舞台にしようと話し合い、演目を「心に架ける橋」と決めた。小さめの舞台とは言っても、実際にあった妻による夫殺し事件と、郷土の歴史として伝わる山田奉行大岡越前守と後の将軍吉宗のエピソードを絡め、ジャズダンスまで盛り込んだ意欲作で、野村が苦労して書き上げたシナリオだった。

前の公演で話題を集めた「劇団伊勢青年劇場」は、このときまだスポットライトの中にいた。平成四年（一九九二）六月にシティプラザで上演した舞台は、三重県芸術文化協会演劇部門の主催事業となり、十一月には、「三重県文化奨励賞」に選ばれたのだった。

太亮は団長として表彰式に出席したが、自身の晴れがましい思いとともに、野村とその長男竜矢が同席していることを心からうれしく思った。長期に亘る文化的貢献、中でも親子二代が参加していることが受賞の決め手となったという。

その席上、野村が絞り出すように、

「何とか続けてきて良かった」

とつぶやいた。隣に座っていた太亮が、

「本当に、そうですねぇ」

とうなづくと、野村は、

「公演の度に資金繰りに悩んだものや。知らない人の家にまで切符を売りに歩いたこともあった。それでも公演ができない時期もあって、何度も、もうやめるしかないと思った」

とひとり言のように続け、息子の竜矢も感慨深げにうなづく。

「無理しても、続けてきた甲斐があったなぁ」

野村の声に、長い年月の喜びや苦しみが滲んでいる。三十年近い野村の努力があればこその受賞だ。自分の知らない苦労を重ねてここまで続けてきたのだろう。芯から芝居に魅せられた野村の、長く献身的な演劇生活がこうして報われたと思うと、太亮は胸がいっぱいになった。

7　お奉行様来《きた》る！

平成五年（一九九三）には「リバーさいど」と「喜劇　御師《おんし》」の二作品を上演した。こ

「喜劇　御師」チラシと舞台の一場面

「御師」は、日本全国へ神宮の御祓い大麻などを運んだ神宮の神職です。公家や大名から農民・漁民まであらゆる階層を檀家に持ち、津々浦々に出かけては、伊勢講を組織しました。伊勢では、参拝者を自身の館に泊め、参宮や神楽等の他、見物や遊興、土産に至るまでの一切を取り仕切ったということで、幕末を中心に流行がみられた〝おかげまいり〟も彼らが陰で動いたのだろうといわれます。御師の活動は、平安時代の終わりごろからで、江戸時代に最盛期を迎えましたが、明治４年（1872)、政府により活動を禁止されました。今では門や邸のほんの一部が残るだけとなっています。

れらは「第六十一回神宮式年遷宮記念」「三重県文化奨励賞受賞記念」「劇団創立三十周年記念」と、三つの慶事を記念する作品となり、大勢の観客を集めた。翌年には「どりーむinせたがわ」と「油屋おこん」。平成七年は「伊勢大空襲」と地元に因んだ自主公演を続け、他にも、幼稚園や小学校から依頼を受けた子ども向けの芝居や、三重カルチャーフェスティバル参加の舞台「リバーさいど」も上演した。団員のうち何人かは、毎年プロの演劇人たちの舞台にも参加を続けていたし、地元の文化団体としてさまざまな行事に出席を求められたり、ときにはイベントの司会等も頼まれた。〝木遣子〟として神宮奉仕会の出番もあり、二刀流団長は八面六臂の大活躍となっていった。

平成八年（一九九六）の第十七回自主公演の演目は「大岡越前と山田奉行」。中北幸宏の作・演出で太亮が大岡忠相を演じた。この公演では、客席に俳優の加藤剛を迎えるという〝思いのほか〟の出来事が起こった。テレビドラマで三十五年以上にわたり、江戸南町奉行・大岡越前守忠相を演じ続けた国民的俳優である。当時の日本人のほとんどが、大岡越前といえば加藤の端正な裃姿を思い描いただろう。その人の前で大岡越前を演じる

——太亮の緊張と高揚はただごとではなかった。

実際に伊勢市観光文化会館に現れた素顔の加藤は、静かなたたずまいの人であった。舞

「大岡越前と山田奉行」の一場面と出演者たち
大岡忠相（1677-1751）は、江戸南町奉行として、八代将軍・徳川吉宗（1684-1751）の政治改革（享保の改革）を補佐した名奉行として知られていますが、正徳二年（1712）から享保元年（1716）、伊勢の山田奉行をしていました。その頃、吉宗は紀州藩の藩主でしたので、将軍となり、忠相を江戸町奉行に抜擢した背景には、伊勢で二人の間に何らかの関わりがあったのではないかといわれています。

台を終えて、

「畏れ多くて、もう……。加藤さんの前で大岡越前なんて本当はやりたくなかったんです」

と恐縮する太亮に、加藤は笑顔で
「いい声をされていますね」

とさりげなく誉めてくれた。そのひと言が太亮はうれしかった。

加藤は舞台後の打ち上げにも参加してくれ、翌日、神宮への参拝には太亮たちが同行した。いつでも、どこでも、常に控えめで落ち着いた態度なのが印象に残った。見知らぬおばちゃんたちに囲まれ、勝手にカメラを向けられ、どんどんシャッターを切られても、嫌な表情を一切見せず、おだやかな笑顔で応えている様子に太亮は感銘を受けた。

――この人に誉められたことは、後になって自信を失ったときの支えになってくれる。ずっと覚えていよう――

そう思った。

その翌年には、いせトピアオープニング演劇祭で「広くすてきな宇宙じゃないか」、自主公演では「お杉・お玉」、更に翌年には「沢村栄治」……と公演を重ねてゆき、評価も安定したものとなった。

「お杉・お玉」の舞台から

江戸時代の古市は、遊郭のほか、芝居小屋や見世物などさまざまな芸能で賑わう繁華街で、聖と俗が併存したかつての伊勢の〝俗〟を代表する場所でした。古市の一部、内宮のある宇治と外宮のある山田の中間・「間《あい》の山」と呼ばれるあたりにお杉とお玉という若い女芸人たちがいて、三味線や胡弓に乗せて歌い、銭を投げつけるとバチなどで器用に受けるというような芸で人気を博しました。彼女らが歌う哀調を帯びた「間の山節」は、後に浄瑠璃などでも用いられたということです。

「沢村栄治」の舞台から

宇治山田市（現伊勢市）出身で、高校野球で活躍し、昭和9年（1934）に大日本東京野球倶楽部（現読売ジャイアンツ）に投手として入団した沢村栄治（1917～44）は、3回のノーヒットノーランを達成するなど初代エースとして活躍しましたが、第二次世界大戦に出征した折、27歳で台湾沖で戦死しました。ピッチャー最高の栄誉として「沢村栄治賞」が創設されるなど、その業績は高く評価されています。

太亮は多忙を極めながらもますます芝居が好きになっていった。そして、団員のみんなが同じ気持ちであってほしかった。一つの舞台ができあがるまで、役者として舞台に立つ以外にもすべきことは多い。小さな劇団では、衣裳のまま舞台の大道具を運ぶというようなことは当たり前の光景だ。脚本、演出、配役、大道具、小道具、衣裳、プログラム、広告、資金繰り、各所への挨拶……。団長が気にかけねばならないことは限りがない。この劇団は、特別な出資団体を持たない完全な自主劇団なので、ことに経済的に破綻なく続けて行くには経営のセンスも重要だ。その上、団員には個性派が多く、本気で取り組めばぶつかり合うことも多い。劇団に入った子どもが怖がるほど、激しくやり合うことも日常茶飯事。そういう意見の違いや人間関係の調整も、最終的には団長の役割となる。団長としてすべきことは数多いが、一番大事な団長の仕事は、みんなの〝つなぎ〟になることだとの思いを、太亮は深めていた。

ある団員に、

「入団した頃、団長が二人いるように見えました」

と言われたことがある。

「難しい顔で厳しいことを言う団長と、笑顔で冗談ばかり言う佐藤さん」

それはときに別人のようにさえ見えたという。団長になってからは常に太亮の中で、「劇団全体を成長させたい」「団員みんなが仲良く楽しんで、芝居を好きになってほしい」という二つの願いが葛藤していた。そんな太亮にとって、団が追い風を受け、団員がそれぞれに以前より自信を付け、仲良くなっていたのは、何より嬉しいことだった。

一方、佐藤家はというと、これもまた劇団に負けない多忙ぶりだった。太亮は、もちろん昼間は庭師として精一杯働き、夜や休日も家でじっとしていることはめったにない。松美はその不在を補うだけではなく、劇団のさまざまな雑用も手伝った。子どもたちも同様で、公演の日には劇場で手伝い、娘のあいは小学校四年からは団員として舞台にも立った。太亮の兄や姉も、受付や〝もぎり〟など公演当日の手伝いのみならず、代役として舞台に立ったことさえある。家族総出どころか親戚縁者皆が関わっていた。いつの間にか、太亮のそばにいる人は知らずしらずに劇団に巻き込まれていくのだった。

8　かんちがい劇団?!

　佐藤家では、時折、食事会が開かれた。団員同士の懇親や裏方への慰労などの目的を兼ねて、わいわい楽しく食べかつ飲む。松美は自分も愉快に飲みながら手早く料理を出す。その気軽でこだわらないもてなしに、皆がリラックスして楽しむ。ある夜、佐藤家の庭でいつものようにバーベキューの会が開かれていた。団員たちの話題は自然と芝居のことになる。舞台を一つ終えたばかりであり、アルコールが入ればなおさらだ。

「あそこで台詞忘れたときは、焦ったなぁ。もう頭の中真っ白で、固まったわ」

　一人の団員が言うと、その相手役が声をあげた。

「何言うてんの。忘れられたこっちの方が焦ったわ」

　更にその隣。

「そうや。あの一瞬の沈黙で、袖にいた私でさえ心臓が止まりそうになった」

「ホント」

「焦った」

とテーブルのそれぞれが口を開く。

「いや、でもうまいこと乗り切ったやん。客席から見てたら、忘れてたなんて分からんかったで」

と、客席で観ていた一人が取りなすと、

「そこが、これやん」

と忘れた当人がポンポンと自分の腕を叩く。

「わぁ、自画自賛」

「しかし本当によかったで、あの舞台は」

「ようけのお客さん来てくれたなぁ」

「好評やったよね」

団員たちの話し声を聞きながら、少し離れたところにいた松美が軽いため息を吐いた。

ちょうどそばまでビールを取りに来ていた太亮がそれに気付いて、

「何?どうした?」

と耳もとで聞くが、松美は、

「なんにも」

と首を振った。

やがて、お開きとなり、片付けを手伝うために残った団員も引き上げた。太亮と松美は居間で再び飲み始めた。一日の終わりに少しだけ二人で飲むのが夫妻のルーティンだった。

「みんな楽しそうやった」

太亮が言うと、

「今日は一段とにぎやかやったね。うちの庭やからいいけど、お店やったら怒られるわ」

と松美。

「ここなら遠慮がいらんからな。それに舞台が成功して日が経ってないから、まだ興奮が残ってる。仕方がない」

「みんな、大成功や、よかった、よかったって喜んでたね。お父さんも満足？」

「そうやな。大きなミスもなかったし、お客さんの入りもまずまずやし。それぞれがうまくなってきたから、上出来なんと違うかな」

「ふ～ん、そうなんや」

太亮は松美の口調が気になる。

「そうなんや、って、なんなんや？　何か思うところがあるなら言うてよ」

「思うところってほどじゃないけど。なんて言うか……　〝かんちがい劇団〟やなって思うわ」

「〝かんちがい劇団〟？」

「すごくうまくて有名って、かんちがいしてるとこあるかな、って」

松美は立ち上がってグラスを台所に運ぶと、

「お風呂入るわ」

と行ってしまった。

――〝かんちがい劇団〟。オレたちってそうなのか――

太亮は一瞬驚き、その後腹が立ち、やがて考え込んだ。

――地元路線で文化団体としての方向性を示すことができた。舞台装置も衣裳も、ちゃちにならないようできるだけのことをしている。芝居だってかなり上達したはずだ。しかし、かんちがいなのか。アマチュアなのだからこのくらいのレベルで大丈夫だと、勝手に基準線を引いて、自己満足しているだけなのか。周囲の人から誉められ、できているとかんちがいして、努力を怠っているのか――

自分自身が気付いていながら目を背けていた弱点の中心を、さっと指さされたように感じた。だから腹が立ったのだ。

この劇団のことをよくよく知っている松美である。大事にも思ってくれているはずだ。また、学生時代からたくさんの演劇を見てきて目が肥えているのは確かだ。他の誰でもないその松美の言葉なのだ。

――他の人間には言えないことを言ってくれた――

太亮は、松美の言葉を素直に受け入れた。そして、決心した。

――〝かんちがい劇団〟でなくさねばならない――

9 菩薩か天女か― 鬼の熱血指導

太亮たちが人村朱美という女優に出会ったのは、その数年前のことだ。伊勢でプロの演劇人たちが公演を行った際、野村や太亮は舞台裏の手伝いに行った。稽古や本番の舞台を手伝いながら見学する間に、その俳優たちの中でも、高い演技力と演劇への熱い思いを印象づけたのが彼女だった。間近で彼女の演技を見、切れの良い台詞を聞いて、野村も太亮も「さすがはプロや」と舌を巻いた。その役への思いが、全身からほとばしるように伝わった。

公演後の雑談の中で、彼女は素人の劇団について、

「はじめて観るお芝居が、知り合いが出ているようなアマチュア劇団の舞台だというお客様も多いでしょう。そのお芝居が下手だったら、もうそのお客様は『演劇なんてつまらない』と思い込んでしまって、わざわざプロの舞台を観になんて行かなくなる。するとどんどん舞台芸術の観客が減っていき、レベルアップが難しくなるのよ。だから一般のお客様に身近なアマチュアの人達にはうまくなってほしいの」

と語った。聞けば地方のアマチュア劇団の指導にも関わっていたという。

——彼女の力を借りよう——

太亮はそう思い立った。しかし、東京と故郷の福井県敦賀市を行き来しながら日本中の舞台に立っている人村だ。来てくれるかどうか。多忙な人村にそんな事を頼んでは迷惑かと躊躇する思いに、どうしても力を借りたい気持ちが押し勝って、お願いの電話をかけた。

すると、思いが通じ、時間を割いて伊勢に来てくれるという返事を得た。

この後の舞台は、第二十回の自主公演には三度めの「松井孫右衛門」、三重県民文化祭では「夕鶴」を、非核・平和空襲展では「竹内浩三」を上演すると決まっていた。野村たちに諮ると、人村の指導については皆が賛成の意を示し喜んでくれたが、「松井孫右衛門」や「夕鶴」は、この劇団で何度も演じているいわば十八番《おはこ》の演目であるし、

「人村さんも忙しい中を来てくれるのだから、あまり手を煩わせるのは申し訳ない。こちらでできるだけの稽古を重ね、ある程度仕上がってから見てもらおう」

ということになった。人村は指導に来てくれたが、

「こんなにできあがってしまった状態で、今から私にどうしろって言うの？」

と半ば嘆いた。それでも、精一杯の稽古をしてはくれたのだが、それは互いにいくらかの悔いを残す、いわば不完全燃焼状態であった。

「次は一から指導してもらおう」

太亮は決心した。

次の演目を「油屋おこん」と決めたとき、新風が吹き込むことを期待して、その主役

「竹内浩三」の一場面
竹内浩三（1921-45）は24歳で戦死した詩人です。伊勢で生まれ、宇治山田中学校（現宇治山田高校）在学中から回覧雑誌を作るなど文才を発揮し、映画制作を志して日本大学専門部映画科に入学しました。昭和17年（1942）、大学を繰り上げ卒業して第二次世界大戦に出征し、翌年フィリピン・ルソン島で亡くなったとされています。「骨のうたう」「愚の旗」「ぼくもいくさに征くのだけれど」「日本が見えない」など、平易な言葉の中に深い悲しみと戦争批判が湛えられた作品が残されています。

「油屋おこん」の舞台と出演者一同
寛政８年（1796）、古市の妓楼・油屋で、医師の孫福斎《まごふくいつき》が遊女・お紺をめぐる嫉妬から９人を殺傷するという刃傷事件を起こしました。この事件は、「油屋騒動」と呼ばれて当時大きな話題となり、事件の２ヶ月後には近松徳三が脚本を書き、御師の養子・福岡貢と遊女・お紺の悲恋にお家騒動を絡めた物語「伊勢音頭恋寝刃《こいのねたば》」として歌舞伎上演され、大坂や江戸でも大ヒットし、現在も上演されています。

を外部に向けたオーディションで選ぶことにした。「竹内浩三」に続いて二度目の外部オーディションであった。この募集には、十五名ほどの応募があり、一人の女性が選ばれた。後に副団長となる伊藤由美子である。

そしてここから、人村の本格的な指導がはじまった。

人村の指導は、発声や動きの基本はもちろんだが、それまで太亮が思ったこともないところからスタートした。

「演出の意図を汲み取る」

「嘘でない演技をする」

と言う。それはどういうことかと、太亮は深く考えた。さらに人村は、

「技術だけじゃないのよ。どうしてこの台詞を言うのか、その心が大事なの。その心があれば、どんな声でどんな顔でどう動くか、自然に分かるでしょう」

「声は、大きければいいってわけじゃない。必要なのは意思を感じさせる声よ」

「人間は一人ひとりがそれぞれ勝手に動いたりしゃべったりはしてないでしょう。芝居でも、相手の芝居を受けて、話したり動いたりするの。ひとりよがりの芝居はしないで」

と説く。

その言葉を、団員は皆驚きを持って聞いた。太亮はまさに〝目から鱗が落ちる〟気分だった。台詞を言い、ト書きに添って動くということの前提として、こんなにも深い思索と団員同士の意思の統一が必要だったとは、長く舞台に立ってきたが、考えたことがなかった。俺たちはやはり素人の〝かんちがい劇団〟だった……と恥じた。しかしもう違う。未だ発展途上ながら、目指すべき方向が見えたのだ。

実際の演技指導は大変厳しいものだった。だが、人村の指導を得て、団員たちの芝居はみるみるうまくなった。ことに、主役の伊藤をはじめ、入団して日の浅い団員たちは、何の固定観念もない状態からのスタートだったのがよかったのかもしれない。〝人村イズム〟をぐんぐん吸収して、うまくなっていった。伊藤は、妻であり、母であり、仕事も持つ多忙な身ながら稽古に打ち込み、けなげで哀れな遊女を演じきった。

「はじめの段階では、人村さんは優しく、私たち素人のために、〝この役はどう見えるのがいいのか〟〝どうすればそう見えるようになるのか〟を一緒に考えてくれました。その上で稽古をしていくと、それぞれの役ごとに、『あ、この人、今、役の人に見えた』と思える瞬間があって、みんながだんだんとお芝居するということを分かっていったと思います。そして、稽古が進むほど、厳しい言葉がバンバン飛んできました」

と、当時を振り返って伊藤は言う。そうして「油屋おこん」は大成功をおさめ、劇団のレベル向上という側面ではエポックメーキングと言える舞台となった。

次の第二十三回自主公演「月遷上人」からは演出も人村に依頼し、一つの舞台を経るごとに、劇団全体が向上していくのが実感できた。限られた人数で舞台を仕上げるためには、役者も裏方も一体となり、助け合わねばならない。人村の指導には、舞台をスムーズに進めるため、演じていない時に何をするべきかを個々が考える、というようなことまで含まれていた。

「仲間と楽しくお芝居がしたいだけなので、こんなに厳しい稽古にはついて行けない」と退団するメンバーもいなかったわけではない。しかし、太亮は人村の指導に心から感謝している。

「人村さんは、普段は気さくな方なんですよ。団員より早く稽古場に着いたら掃除をしてくださったりして、みんなの優しい姉さんみたいなんです。忙しい中、長い移動時間がかかる道のりを稽古に通ってくれて、そしてあの熱のこもった指導をしてくれる。それは、肉体的にも精神的にも大きな負担やと思うんです。なのに、われわれの劇団はたいした謝礼を支払えるわけでもない。本当に感謝しかありませんね。私たちにとっては、天から

「月遷上人」の一場面
月遷（1741-1809）は江戸後期の画僧で、尾張国の出身でしたが、江戸や京都などで修業して円山応挙や与謝蕪村などに絵を学び、やがて各流派を統合して新機軸を開きました。知恩院の大僧正の命で伊勢に移り、自身が描いた絵を売った報酬を集めて、山田の寂照寺を復興し、貧民の救済など社会福祉に尽力しました。今も伊勢には月遷の作品が数多く残されています。

舞い降りてきてくれた天女か菩薩かというほど、有り難い存在です。それでいて、鬼のように熱く厳しい指導をしてくれるんですから」

太亮が人村に感謝を伝えると、彼女は照れくさそうに、

「私がつい熱くなってしまうのは、あなたたちが食らいついてくるからよ。一方的に厳しい指導は続けられないわ。あなたたちも、私も、やっぱり、芝居が好きなのね」

と答えた。

芝居に魅せられた者達が集い、互いの熱が重なり合って更に熱くなり、稽古は一層熱を帯びてゆくのだった。


資金の潤沢でない素人劇団である。経費節約のため、人村の宿泊先はいつも団長宅であった。松美は、人村を家に受け入れ、食事等の世話も引き受けた。

「用事が増えて大変じゃないですか。たまにホテル泊入れましょうか」

と劇団員が気を遣うと、

「そんなこと気にせんといて。大変なことなんて何もないわ。気の合う飲み友だちができて、ありがたいくらい」

と松美は答えた。それは決して社交辞令ではなく、人村が伊勢に滞在する度に、女二人でグラスを傾けながらの話は、ときには愉快にときにはしんみりと深まり、確かな信頼関係を築いていったのだった。

10　わかれ

〝かんちがい劇団〟を脱却して、団員たちの演技がブラッシュアップされていくその白熱の中、太亮に人生でもっとも大きな不幸が襲いかかった。松美の病気と永《なが》のわかれであった。

「病気が見つかったのは『御木本幸吉』（平成十四年）の稽古をしているときで、そのまま入院し、亡くなったのは翌年『月遷上人』の稽古をはじめる直前でした」

と太亮は振り返って言う。四十七歳。早すぎるわかれだった。

松美の葬儀は佐藤家の自宅で行った。団員たちががっちりと手を携えて葬儀を執り行い、福井から駆けつけた人村も団員に混じって受付に立った。失意の団長を支えようと、暗黙のうちに、団員たちは気持ちを一つにして動いていた。

「葬儀が終わっても、みんなが帰らずに留まって、僕が寂しくないように、みんなで家内を偲んでくれて、ありがたいなぁと思いました」


佐藤家の玄関には、松美がつくったキルトが飾られている。松美が病院で「私がいたという証しに」と針を運んでいたものだ。完成しないまま逝ってしまったのを、高校時代からの友人たちが仕上げてくれた。今も、暮らしのそこここに妻のおもかげが宿っている。

「僕はそれまで家事をしたことが全くなかったので、家内は心配だったんでしょう。入院前に書いたんでしょうね。洗濯機の前に、洗濯の仕方を細かく箇条書きにした紙が貼ってありました。それを見ながら洗濯をしたり、はじめてご飯を炊いてみたら、お米を研ぐということを知らなかったので、何とも言えない妙な匂いのするご飯ができあがったり、毎日ドタバタ喜劇さながらでしたよ。でも劇団のみんなや友人が、おかずを差し入れてくれたり、にわか雨に濡れないよう洗濯物を取り入れてくれたり、いろんなことで助けてくれました。経理の仕方を教えてくれたりもしましたよ」

一方で、団員たちは言う。

「奥さんが亡くなってすぐ、『月遷上人』の舞台で、私は舞台上で亡くなる役だったんですが、稽古の時、団長が『息をひきとるときはこうだった』って、演技指導をしてくれたんです。嘘のない芝居を、って」

「そう、奥さんが亡くなってそんなに日が経っていない頃で、団長は日常生活ではまだつらそうに見えることがありました。それなのに、芝居になるとそれすら演技につなげていて、驚きました。稽古を見ていて、この人が芝居にかける気持ちはただ事ではないと、凄味すら感じました」

太亮の人生にとって、舞台人であり団長であることと個人の生活とは切り離して考えることができないほど密接になっていた。

11　翔んで「劇団伊勢」

平成十六年（二〇〇四）の自主公演は「おいない伊勢へ、芭蕉さん」で、太亮は俳人の松尾芭蕉を演じた。折しもこの年は芭蕉生誕三百六十年。ゆかりの各地で記念行事が行われたが、その一つであった徒歩でのお伊勢参りに、太亮たちは扮装して参加した。何も知らない参拝客らが「あら、芭蕉さんだ」「そばにいるのは曽良かしら」とおもしろがって集まってくる。イベントの企画者からの依頼を受けてのことだが、劇団のＰＲにもなり、いろいろな人と触れあうことができて、太亮は愉快だった。

この年は、浄土宗東海地区檀信徒大会で「月遷上人」を、翌年春には新設された山田奉行記念館のこけら落としとして「大岡政談より　縛られ地蔵」を上演するなど、地元の催しへの参加が続いた。またこの頃から太亮は、三重県や伊勢市の文化事業でも各種の賞の選考委員や協議会の会長などの役割を果たすようになった。地元の人々とさまざまな形で絆が築かれてこそ、地域に根ざす劇団としての存在意義があると、太亮は実感していた。

「おいない伊勢へ、芭蕉さん」では、出演者らが扮装のまま伊勢のまちへと飛び出した

松尾芭蕉（1644 ～ 94）は、伊勢を愛し、生涯に 6 度伊勢を訪れました。そのうちの 3 回は紀行文があり、他にも多くの句が残されています。伊勢には、親しい弟子や俳人が多く、芭蕉はその邸に泊まり、多くの句会を開くなどして伊勢での日々を楽しんだようです。芭蕉は、7 年間を伊勢で暮らした西行をいつも心に抱いて旅していたといわれ、伊勢で詠まれた句の多くは西行の歌をオマージュしています。

「さくらの架け橋～咢堂と彼を支えた人々～」「サクラとハナミズキ～尾崎行雄の奇跡と軌跡」など、劇団伊勢には尾崎咢堂をテーマとした作品も多い

尾崎行雄（咢堂）（1858-1954）は、伊勢を中心とした選挙区を基盤に、絶大な人気のもと63年間にわたって活躍した政治家です。東京市長を務めていた明治45年／大正元年(1912)、ワシントンD.C.に3000本の桜を贈ったことでも知られています。

平成十七年の自主公演は「反骨の男　西村幸生」。つづく平成十八年は「さくらの架け橋～咢堂と彼を支えた人々～」。明治時代に伊勢から出馬して六十三年間二十五回にわたって当選を続け、〝憲政の神様〟と讃えられた政治家・尾崎行雄（咢堂）がワシントンに桜を贈り、その返礼にハナミズキが贈られたことに因んだ作品で、太亮は演出を務めた。この舞台を縁に、太亮たちは尾崎咢堂の顕彰団体であるNPO法人・咢堂香風の会員にもなった。

この頃、太亮は戸籍の名も佐藤太亮と改めている。

「名前が二つあると面倒なことが多かったのですが、親の付けてくれた名前なので変えるのをずっとためらっていました。でも、両親も亡くなって、もう許してくれるかなぁと思って」

平成二十年（二〇〇八）春、咢堂香風が参加している親善交流活動の一つ、「全米桜祭」のため、太亮たちはワシントンD・C・へと飛んだ。普通の観光旅行とは違い、さまざまな催しに参加する予定が組まれていたが、それにしても、この旅では奇想天外と思えるようなことが続いた。アメリカ全土各州から選ばれた桜プリンセスたちのパレードは、予想を大きく超える大がかりなもので、その華やかさは太亮を驚かせた。そしてその夜には、桜プリンセスの中から全米桜の女王を決めるグランド・ボウルが開かれた。プリンセス達は真っ白なロングドレス。日本から来た「日本さくらの女王」や「花みずきの女王」たちが華やかな振り袖姿で居並び、太亮たち伊勢からの参加者も女性はイブニングドレス、男性はタキシードの正装だ。太亮は、紋付羽織袴の和服で参加した。

このレセプションで桜プリンセスたちの中から「全米さくらの女王」を選ぶのだが、その方法はなんとルーレットであった。既にそれぞれの州で選び抜かれたプリンセスたちなので、誰がなっても女王にふさわしい。その中で運を持った女性が女王だという考え方だ。キラキラと電飾が施された大きなルーレットが回り、選ばれた女王はメイン州出身の大学生だったが、驚くべきことに、彼女はプリンセス達が互選する「ミス・コンジニアリティ」（最も親切で一緒にいて楽しかった人）でも一位に選ばれたのだ。美しいだけでなく、強運と、周りの女性に好かれる人間的魅力とを併せ持ったミラクルな「全米さくらの女王」誕生に、会場はいつも以上に沸いた。

興奮の表彰式の後、太亮たちは伊勢音頭を披露した。伊勢から参加した法被姿の一行と一緒に、白いドレスの桜プリンセスたちも輪になって、きらめくパーティー会場で、明る

い笑顔をたたえつつ踊ってくれる。日本では考えられない不思議な光景の中で、太亮は、

――思い切って来てよかった――

と思った。

夜が更けるまでダンスパーティーが続くなか、太亮は松美を感じていた。

――松美、見てるか。面白いな。ここへ来てから思いがけないできごとばっかりや。おまえはいつも「お芝居の神さまに遊ばれてる」と言って笑っていたけど、そのお芝居の神さまが、今度はオレをこんなところまで連れてきたんやで。演劇をすることでいくつもの人生を味わうことができて、それだけでもラッキーなことやと思っていたのに、こんなにいろんな体験ができた。

今まで、どの舞台も、配役が決まって全員揃って幕が開くまで、胃が痛むようなことばっかり続いたなぁ。でも、いつでも誰かが助けてくれて、なんとかなってきた。そしていつでも、どんな疲れも、みんなの喜ぶ顔みたら吹っ飛んでいくんや。不思議やな。

おまえも、いつも、なんやかんやと怒ったり茶化したりしながら、支えてくれたなぁ。「なんとかなるわ」って、励ましてくれた。おまえがおらんようになって、寂しさと大変さでへこたれる日もあったけど、おまえのまねして「なんとかなる」と思って暮らしてきたん

や。

なぁ、松美。これから、もっともっと愉快に、自由に羽ばたいて芝居を楽しんでいこうと、おれは今、思ってる。これからも、ずっと見とってよ――

熱気が渦巻くパーティー会場で、太亮は胸の中で語りかけた。松美が、

「幸せな人や。お芝居の神さまに嫌われんように、しっかりがんばって」

いつもの笑顔で言ったように思った。

この年、「劇団伊勢青年劇場」を改め「劇団伊勢」と改名した。創立以来四十五年あまり。太亮が団長に就任してから二十年を数えていた。創立時から在籍する団員には〝青年劇場〟の名は似合わなくなってきていたし、小さな子ども団員もいる。何より、老若男女すべての人々を対象とした伊勢の劇団でありたいとの思いを込めての変更であった。

このとき、太亮は前代表であった野村嘉生に、

「改めて、後をよろしく頼む」

と言葉をかけられた。団長としての責任と、言葉に込められた気持ちの重さを、太亮はずっしりと実感を持って受け取った。

右端が医師役をつとめた野村嘉生で、最後の舞台となった。

「伊勢・河崎物語」の舞台から

河崎は、室町時代には集落が形成されていたと言われ、古くから問屋街として栄えたまちです。勢田川に沿って多くの蔵が立ち並び、水運を活かし、各地からの品物が伊勢湾を通じて集まりました。往時、勢田川にはたくさんの舟が行き来し、川岸に立つ蔵に直接荷が運び込まれて、まちは活気に満ちていたということです。参宮者の食材を扱ったことなどから〝伊勢の台所〟と呼ばれ、伊勢の人々に親しまれました。

「日本のはじまり　ヤマトタケル物語」平成 28 年（2013）の関係者たち
前列中央が人村朱美
記紀神話では、ヤマトタケルは父の命で東征の途中伊勢に寄り、叔母のヤマトヒメを訪ねます。叔母から優しい言葉と宝剣を授かり、伊勢の地で心身を休めたヤマトタケルは、再び力を得て東征の旅を続けます。古代、伊勢は、大和朝廷にとって東国への足がかり。軍事と物流の拠点でもありました。悲劇の英雄・ヤマトタケルの物語には、三重という県名の源流が見られます。

平成 24 年「倭姫《やまとひめ》　二千年の伝言」
平成 30 年「ふたたびの刻〜現代を旅する倭姫〜」のプログラム
倭姫命も、劇団伊勢の大きなテーマのひとつ

倭姫命は、第 11 代垂仁天皇の皇女で、天照大神の御杖代として各地を巡行され、伊勢への御鎮座に大きく力を発揮されました。神話では、大神が倭姫命に「この神風の伊勢の国は、常世の浪の重浪帰《しきなみよ》する国なり。傍国《かたくに》の可怜《うまし》国なり。この国に居らむと欲ふ」とお告げになったとあります。その後は初代の斎宮として、伊勢で大神におつかえになりました。

そして、その翌年、第二十八回の自主公演「伊勢・河崎物語」で医師を演じたのが最後の舞台となり、七年後の平成二十七年春、野村はこの世の人ではなくなった。いくつもの脚本を書き、演出をし、さまざまな役柄を演じて多くの舞台に立った。演劇にかけた人生だった。

稽古場を伊藤ビルに移したのも劇団名を変えた頃だ。稽古場が定まったことで、衣裳や小道具などの準備にも支障が無くなり、集中して稽古に励むことが出来るようになった。数回のアトリエ公演もここで行うなど、団員たちの思い出深い場所となっている。

この後、「劇団伊勢」はさらに活動の場を広げていく。伊勢を舞台にしたテレビドラマや映画が撮られるときには、出演や方言指導などを依頼されるようになり、さまざまな催しの司会なども引き受ける。ワシントンの桜まつりには咢堂香風の会員として三度参加したし、伊勢音頭の会ではロサンジェルスに飛んで歌声を披露した。お芝居の神さまは、太亮や団員たちをさらにあちこちに連れ歩いたのだった。

平成三十年は、「ふたたびの刻《とき》～現代を旅する倭姫～」を上演した。元号が令和と改まった翌二〇一九年は、春に稽古場でのアトリエ公演を開いたが、その年の暮れに中国で見つかった新型コロナウィルスによる感染症は、令和二年には世界中に広まるパンデミックとなった。伊勢も例外ではなく、大勢の人が集まるイベントはできなくなってしまった。

稽古もままならない日が続く中だったが、令和三年十二月には「桜とハナミズキ～尾崎行雄と桜咲くあの場所へ～」を上演できた。感染対策を行いながらの公演で人数を制限したものの、久しぶりの大舞台であった。

「こんなに先が読めなくて、次の公演がいつできるのか、本当に開催できるのか、直前まで分からないということは、かつて無かったですねぇ」

と、太亮は振り返る。この公演の後、「劇団伊勢」は稽古場を松阪市に移転した。あわただしい中、次の公演の日程を先に延ばすなど手探りを続ける太亮に届いたのは、三十三銀行からの「「三十三ふるさと三重文化賞」受賞の報せだった。令和四年十二月、「倭姫ものがたり」を、その受賞記念講演として、小俣図書館のホールで開くことが出来た。

「いつでも精一杯、みんなで協力し合って舞台を続けて来ました。今回の受賞は、そのご褒美のようで、ありがたいですね。今では、劇団は家族なんですよ。みんなで助け合って、変な遠慮はしない。『困った』と言えばみんなでとんで行く。言わなくても行く。僕は、それが何よりも嬉しいんですよ」

まだまだ、コロナ禍は収束を見せず、先々の予測は困難だ。けれど、太亮の心は希望に満ちている。令和五年、劇団は創立六十年を迎えた。太亮は六十九歳となり、お芝居の神さまに初めてほほえみかけられてからすでに五十年を越えている。劇団の世代交代も視野に入ってきているこの頃である。

「今年は、倭姫宮御鎮座百周年ですし、劇団も創立六十年。次の舞台は二つのお祝いの記念公演になります。おめでたいでしょう。倭姫命をテーマに、どんな舞台にしようかと考えているとわくわくしますね」

記念講演では、劇団に関わってくれたすべての人に感謝を捧げたい。みんなで今まで以上に良い舞台をつくりたい。そのために、太亮は今日も一生懸命考え、動いている。

そして今でも、

――芝居って、ええなぁ――

と、胸を熱くしているのである。

あとがき

――ご挨拶に代えて――

「劇団伊勢」創立六十年　おめでとうございます。六十年という長い年月、本業とは別に演劇を続けるということが、どんなにたいへんであったかは想像に難くありません。初代代表の野村嘉生さん、その後を継いだ団長の佐藤太亮さんをはじめ、劇団に関わった多くの方々の献身的な努力と人の和がなければ続かなかったことでしょう。皆さまに敬意を表します。

伊勢のまちに演劇という文化を根付かせ、また、郷土が生んだ偉人や、この地でおこった歴史的なできごとや伝説などをお芝居にすることで次世代に伝え、広めていくというはたらきにおいて、この六十年間に「劇団伊勢」が果たした役割は大きなものであったと思います。はるばる遠き古代の命《みこと》たち、江戸時代の遊郭に秘められた恋の物語、第二次大戦に散った若き天才たち……。今では語られることの少なくなったさまざまな人が、実在の人の体を借りて再び立ち上がり、観た者の胸を打ち笑いや涙を誘う……。「劇団伊勢」の舞台の一つひとつは、歴史を伝えると同時に魂鎮めでもあったでしょう。それは亡き人の魂だけでなく、生きてその芝居を観る私たちの魂をも、しずめ、或いは奮い立たせてくれるものです。そんな多様な意味において、伊勢のまちに「劇団伊勢」があり、六十年続いたのは、まことに喜ばしいことであったと思います。

元神宮禰宜の河合真如さんから「『劇団伊勢』の物語を書いてみませんか」とのお話をいただいたのは、令和二年（二〇二〇）の早春でした。「佐藤団長や劇団の関係者には、郷土や偉人たちへの深い思い入れを感じます。時の流れのなかで埋没しかねない美しい風景や心を、演劇という形で子供たちにも分かりやすく伝えているからです。この尊い事実の背景には、運営面などで多くの苦難もあったはずです。そうした歴史を本にすることで、劇団を顕彰したいのです。人間的魅力にあふれる佐藤団長を中心とした『劇団伊勢の物語』を出版するためには、堀口さんの力が必要なので、ぜひ執筆を」とおっしゃいました。そして「歴史を表しただけの記念誌ではなく、佐藤さんの人間像に迫る物語にしたい」との希望を述べられ、更に「長くあなたの仕事を見ているけれども、名前の出ないものばかりで気の毒に思っていた」と、私への殺し文句も添えられたのでした。

河合さんのことは私が地元誌の編集者であった二十年以上前から存じ上げており、平成二十五年（二〇一三）に行われたご遷宮の前年からは、河合さんが室長をなさっていた神宮司庁広報室で、印刷物編集のお手伝いなどをさせていただいてきました。そして、神宮を辞された後も、芭蕉の研究などと並行して、伊勢に関する本やCDを出されたり、自費でプロの音楽家を招いて無料コンサートを開かれるなど、伊勢の文化振興に努めておられることも存じ上げていました。編集者は元より裏方ですから、名前の出ないことは当然と思っていましたが、そんな風にお心にかけてくださっていたのももったいないことと、自分の力不足が不安ではありましたが、お引き受けしました。稀有な機会を頂戴し、その後も細やかなご指導を賜り、たいへん有り難く存じております。

はじめて団長の佐藤太亮さんと副団長の伊藤由美子さんにお話を伺った頃、すでに世の中は新型コロナウィルスのパンデミックの禍に巻き込まれていました。佐藤さんに幼い頃からのお話を聞くと、何ともやんちゃで破天荒な逸話がぞろぞろ出てきました。次々に話される「命知らず」ないたずらに、驚くやら呆れるやら……。笑いの絶えない取材となりました。この物語は冒頭に「一部フィクション」とおことわりの一文を入れていますが、照れてどうしても話していただけなかった奥さまとのなれそめ部分のほかは、ほぼ実話です。劇団創設から佐藤さんが団長になるまでの歴史については、野村代表がまとめられた「劇団伊勢青年劇場　三十年の歩み」という冊子もあることから、前半の歴史はそちらに譲り、ここでは、まだ演劇に出合ってさえいない時期ではありますが、幼少期のエピソードをいくつか入れました。それは、佐藤さんの幼少期の話があまりにも面白かったこともありますが、天衣無縫な少年が演劇に出合い、人生を演劇に懸けてゆく成長過程も、読者の皆さまに共有していただけたら――と願ってのことです。ひたすらに、純真に、周囲を大いに巻き込みながら、演劇を通して人を思い、故郷に貢献している佐藤さんの生き方に、河合さんが心を動かされたことが、取材の過程で次第に私にも分かってきました。そして、そういうお人柄でなければ、団長として劇団を率いてくることはできなかっただろうと思います。

伊藤さんには入団されて以後の歴史について、佐藤さんの記憶から落ちてしまっていたことについても客観的な視点で補っていただき、おかげさまでより立体的な劇団の姿を知ることができました。熱く、面白く、時にはほろりと胸にしみるお話を、たくさん語ってくださったお二人にお礼を申し上げます。

その後、コロナ禍は明確な収束を見せぬまま、現在に至ります。「劇団伊勢」の運営も思うに任せず、いくつもの舞台を見送らざるを得ない状況で、この本の物語の最終部分も、どう終わらせるのが良いか、河合さんと頭を悩ませたものです。稽古場移転の話や、「劇団は家族なんや」と互いに支え合い、一人暮らしの高齢団員を皆でサポートする逸話など、皆さまにお伝えしたいことはまだまだありますが、ここでは、流動的な状況の中でも少年の頃と変わらず、「芝居ってええなぁ」と胸を熱くしている団長の思いだけをお伝えして、幕を閉じることといたしました。

佐藤団長や伊藤副団長からは、芝居に対する熱い思いとともに、家族や団員や周囲の方々をはじめ、支えてくださった多くの方々への感謝を伺っています。これからまた、「劇団伊勢」は更なる発展を遂げ、その歴史は七十年、八十年と続いていくことと思います。皆さまにお礼を申し上げるとともに、この伊勢の地にともった演劇の灯が、より力強い輝きとしてこれからもともり続けますよう一層のご支援を、関係者の皆さまに代わってお願い申しあげます。

長い間どうもありがとうございました。そして、これからも、「劇団伊勢」をどうぞよろしくお願い申し上げます。

令和五年　春

堀口裕世

付記

1 「劇団伊勢」のあゆみ

2 劇中歌

年	劇団伊勢の主な舞台作品	世界と日本と伊勢の出来事
昭和38年(1963)	「怒濤の会」「だいこんくらぶ」合併し「伊勢青年劇場」発足	テレビアニメ「鉄腕アトム」放送開始 J・F・ケネディー米大統領暗殺
昭和39年(1964)	「人柱」(第1回自主公演・伊勢会館)「マテオフォルコーネ」(市民劇場参加・伊勢会館)(港中学校)	東海道新幹線開通 東京オリンピック開催
昭和40年(1965)	「マテオフォルコーネ」(志摩高校)、「ぶす」「プロポーズ」(宮川少年院)、「プロポーズ」(伊勢会館)(港中学)	日韓基本条約調印 いざなぎ景気始まる
昭和41年(1966)	「トンネル」「比留女の恋」(第2回自主公演・伊勢会館)、「黒い太陽」(市民劇場参加・伊勢会館)、「黒い太陽」「プロポーズ」(明野高校)	ビートルズ来日 「笑点」放送開始 日本の人口一億人突破
昭和42年(1967)	「河童退散」(市民劇場参加・伊勢会館)	第三次中東戦争始まる
昭和43年(1968)	「伊勢の国」「夕鶴」(第3回自主公演・伊勢会館)、「夕鶴」(伊勢実業高校)(市民劇場参加・伊勢会館)(職場演劇祭参加・三重県文化会館)	三億円事件発生 川端康成ノーベル賞受賞 プラハの春

昭和44年（1969）	「プロポーズ」（市民劇場参加・伊勢会館）	アポロ11号月面着陸
昭和47年（1972）	「夕鶴」（成人式アトラクション・伊勢会館）	第一次田中角栄内閣発足
昭和58年（1983）	「冬の華火」（第4回自主公演・観光文化会館）	テレビドラマ「おしん」放送人気
昭和59年（1984）	「マテオフォルコーネ」（第5回自主公演・伊勢シティプラザ）	エリマキトカゲブーム
昭和60年（1985）	「ペリカンズホテル」（第6回自主公演・観光文化会館）	阪神タイガース初の日本一
昭和61年（1986）	「三角帽子」（第7回自主公演・観光文化会館）	チェルノブイリ原子力発電所事故
昭和63年（1988）	「横輪川悲歌」（第8回自主公演・観光文化会館）（皇學館高校公演・観光文化会館）	ソウルオリンピック開催 青函トンネル開通

年	劇団伊勢の主な舞台作品	世界と日本と伊勢の出来事
昭和64年 平成元年 (1989)	「夕鶴'89」「ボク結婚を申し込みます」(第9回自主公演・伊勢シティプラザ)	中国で天安門事件起こる ベルリンの壁崩壊
平成3年 (1991)	「松井孫右衛門」(第10回自主公演・観光文化会館)	ソビエト連邦崩壊
平成4年 (1992)	「心に架ける橋」(第11回自主公演・三重県芸術文化協会演劇部門主催事業・伊勢シティプラザ)	きんさん・ぎんさんブーム
平成5年 (1993)	「リバーさいど」(三重カルチャフェスティバル、第12回自主公演・三重県文化奨励賞受賞記念・劇団創立30周年記念・ハートプラザみその)、「喜劇御師」(第13回自主公演・観光文化会館)、「孫悟空対悪魔大王」(下外城田小学校)	Jリーグ発足 徳仁皇太子殿下御成婚 第61回神宮式年遷宮
平成6年 (1994)	「どりーむinせたがわ」(第14回自主公演・ハートプラザみその)、「油屋おこん」(第15回自主公演・観光文化会館)、「孫悟空対悪魔大王」(国府幼稚園)	向井千秋さん宇宙へ 天皇・皇后両陛下神宮御参拝
平成7年 (1995)	「伊勢大空襲」(第16回自主公演・観光文化会館)	阪神・淡路大震災

平成8年（1996）	「大岡越前と山田奉行」（第17回自主公演・観光文化会館）	アムラー、コギャルなど流行
平成9年（1997）	「広くすてきな宇宙じゃないか」（いせトピアオープニング演劇祭）、お杉・お玉（第18回自主公演・観光文化会館）	英国のダイアナ妃亡くなる 山一証券経営破綻 「たまごっち」流行
平成10年（1998）	「夕鶴」（中西均弥追悼公演・いせトピア）、「沢村栄治」（第19回自主公演・観光文化会館）、「夕鶴」（伊勢実業高校）	長野冬季オリンピック開催 NTTドコモ東証第一部に上場
平成11年（1999）	「松井孫右衛門」（第20回自主公演・観光文化会館）、「夕鶴」（みえ県民文化祭・観光文化会館、二見中学校）	石原慎太郎東京都知事就任 「だんご三兄弟」大ヒット

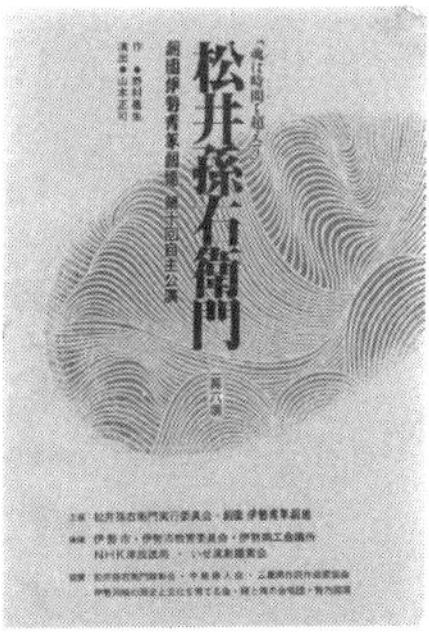

年	劇団伊勢の主な舞台作品	世界と日本と伊勢の出来事
平成12年（2000）	「竹内浩三」（非核・平和第22回空襲展・いせトピア）	三宅島噴火
平成13年（2001）	「油屋おこん」（第21回自主公演・観光文化会館）	愛子内親王殿下御誕生 アメリカで同時多発テロ
平成14年（2002）	「御木本幸吉」（第22回自主公演・観光文化会館）	サッカー日韓ワールドカップ開催
平成15年（2003）	「マサヤンは心の中で生きている」（山本正司を偲ぶ会・いせトピア）、「月遷上人」（第23回自主公演・観光文化会館）	SARS流行 六本木ヒルズオープン 「冬のソナタ」放送・韓流ブーム
平成16年（2004）	「おいない伊勢へ、芭蕉さん」（第24回自主公演・観光文化会館）、「月遷上人」（浄土宗東海地区檀信徒大会・三重県総合文化センター）	新潟中越地震 北朝鮮から拉致被害者の一部帰国
平成17年（2005）	「大岡政談より　しばられ地蔵」（山田奉行所記念館設立記念）、「反骨の男　西村幸生」（第25回自主公演・観光文化会館）	AKB48デビュー 中部国際空港開港

平成18年（2006）	「孫悟空対悪魔大王」（卒園祭参加・双康幼稚園）、「さくらの架け橋～咢堂と彼を支えた人々～」（第26回自主公演・観光文化会館）	ライブドア・ショック 第一次御木曳行事 悠仁親王殿下御誕生

年	劇団伊勢の主な舞台作品	世界と日本と伊勢の出来事
平成19年（2007）	「山田奉行・大岡忠相～明日に咲く親子花～」（第27回自主公演・観光文化会館）	第二次御木曳行事 第一回東京マラソン
平成20年（2008）	「孫悟空対悪魔大王」（アトリエ公演・劇団稽古場） ※「劇団伊勢」と改名	リーマン・ショック 北京オリンピック開催
平成21年（2009）	「伊勢・河崎物語」（第28回自主公演・観光文化会館）	裁判員制度スタート オバマ米大統領就任
平成22年（2010）	「おかげまいり道中記～旅路の果てに見えた海～」（第29回自主公演・観光文化会館）	日本航空が更生手続開始の申立 「はやぶさ」地球に帰還
平成23年（2011）	「伊勢再発見『永遠なる倭姫』春風のとおりみち」（第30回自主公演・いせトピア）、「伊勢再発見　知盛伝説今昔」（沼木まつり・上野小学校）（上野小学校文化祭・上野小学校）（みえ県民文化祭・いせトピア）	東日本大震災 女子サッカー「なでしこジャパン」ワールドカップで優勝
平成24年（2012）	「倭姫　二千年の伝言」（第31回自主公演・観光文化会館）	東京スカイツリー開業 格安航空会社日本に就航

平成25年（2013）	「日本のはじまり　ヤマトタケル物語」（第32回自主公演・観光文化会館）	第62回神宮式年遷宮

年	劇団伊勢の主な舞台作品	世界と日本と伊勢の出来事
平成26年（2014）	「山田奉行　大岡忠相　～伊勢の夜明けは日本の夜明け～」（創立50周年記念・第33回自主公演、観光文化会館）	ソチ冬季五輪でフィギュアスケート選手・羽生結弦が金メダル獲得 天皇・皇后両陛下神宮御参拝
平成27年（2015）	「サクラとハナミズキ　～尾崎行雄の奇跡と軌跡～」（第34回自主公演・観光文化会館）、「サクラとハナミズキ～日米友好に尽くした尾崎行雄～」（湊中学校文化祭・湊中学校体育館）	マイナンバー制度開始 平和安全法制関連二法成立
平成28年（2016）	「サクラとハナミズキ～尾崎行雄の奇跡と軌跡～」（玉城町制60周年記念・玉城町中央公民館）、「希望のふるさと伊勢志摩～戦後初の国立公園指定～」（第35回自主公演・観光文化会館）	伊勢志摩サミット ポケモンＧＯブーム
平成29年（2017）	「友情戦隊ジャージファイブ」（アトリエ公演・劇団稽古場）、「沢村栄治」（空襲展・いせトピア）、「星の故郷」（アトリエ公演・劇団稽古場）	「インスタ映え」流行語に ビットコイン長者から仮想通貨投資ブーム
平成30年（2018）	「ふたたびの刻～現代を旅する倭姫～」（第36回自主公演・シンフォニアテクノロジー響ホール伊勢）	歴史的猛暑と自然災害 天皇陛下御在位30年記念式典

令和元年（2019）	「きなこ　だれかがすてた小さなあたし」（アトリエ公演・劇団稽古場）、「十二月の音」（アトリエ公演・劇団稽古場）	ラグビーワールドカップ日本開催 天皇・皇后両陛下神宮御親謁
令和2年（2020）		新型コロナ感染症によるパンデミック発生
令和3年（2021）	「桜とハナミズキ～尾崎行雄と桜咲くあの場所へ～」（シンフォニアテクノロジー響ホール伊勢）	東京オリンピック開催 大谷翔平選手米メジャーリーグMVP受賞
令和4年（2022）	「倭姫ものがたり」（三十三ふるさと三重文化賞受賞記念・小保図書館ホール）	ロシア、ウクライナに軍事侵攻

２００９年
ＣＤ・佐藤太亮　舞台挿入歌

「山田奉行・大岡忠相」

作詞　中北　幸宏
作曲　橋本　博行

伊勢の御薗の　小林に
遠国奉行の　館あり
民の暮らしよ　安らかに
政よ　粛々と
ああ　奉行忠相　こぶしを握る

花も生けない　お白州に
か弱き人らの　涙あり
悪が栄えた　ためしなし

大岡裁き　冴えわたり
ああ　奉行忠相　涙を隠す

桜並木の　宮川に
人生航路の　小舟あり
川は流れて　海に出て
荒波越えて　船を漕ぐ
ああ　奉行忠相　正義をさがす

伊勢の勤めもはや二年
出世地蔵も　太鼓判
将軍様に　認められ
江戸町奉行　拝命し
ああ　奉行忠相　命を燃やす

#「野の花にありがとう」

作詞　中北　幸宏
作曲　橋本　博行

おはよう　おはよう
目覚めた朝に　空を見上げ
流れる雲ひとつに　手をふる私
どうしようもない　胸の痛み
悲しいばかりの　朝の光
「おはよう」の一言を
言ってみたいのあの人に
大切なあの人は　どこにいるの

おやすみ　おやすみ
眠れぬ夜に　風に追われ
月明かりの小径を　歩いてみたわ
どうしようもない　つらい気持ち

悲しいばかりの　影が揺れる
「おやすみ」の一言を
言ってみたいのあの人に
大切なあの人は　どこにいるの

ありがとう　ありがとう
野に咲く花に　心はずみ
花びらの朝露　うれし涙ね
どうにかするわ　夢を求め
きっといつかは　花は開く
「ありがとう」の一言を
言ってみたいのあの人に
大切なあの人は　どこにいるの

ありがとう　ありがとう　ありがとう

「宮川義人伝　松井孫右衛門」

作詞　矢津　太郎
作曲　橋本　博行

桜花に和む　宮川も
ひとたび嵐　荒ぶ夜は
阿修羅のごとき　暴れ川
田畑をさらう　濁流に
無念の　松井孫右衛門

民百姓の　憐れさを
思えば心　張り裂けて
自らえらぶ　人柱
伊勢路の神の　加護祈る
庄屋の　松井孫右衛門

蒼空映し　悠久の
流れは時を　越えて今
三百五十　有余年
御霊よ永遠に　安らかに
義人の　松井孫右衛門

２０１２年
倭姫　二千年の伝言

「倭姫の歌」

作詞　中北　幸宏
作曲　上村　寿徳

神々しさに浸りつつ
心清めて手を合わす
太古の昔に思いはせ
今に伝える御遷宮
元はどなたがお造りに？
その人の名は倭姫

雨や嵐の峠超え
鬼や魔物を諫めつつ

神の神託聞くまでは
命の限り進もうぞ
国を思って旅たった
その人の名は倭姫

東の国を治めんと
ヤマトタケルの使命あり
勇気の剣握らせて
過酷な仕打ちに負けるなと
迷える王子励ました
その人の名は倭姫

昇る朝日のまばゆさと
五十鈴の川の清らかさ
ここはいい国美し国
国も栄えて二千年
伊勢に定めた御鎮座地
その人の名は倭姫

「人魚の歌」

作詞　中北　幸宏
作曲　上村　寿徳

耳をすませて　ごらんなさい
聞こえるでしょ　あなたにも
風や波の　おとじゃない
にん　にん　人魚が　うたう声

みずうみの　そこふかく
人魚のおやこが　いるのです
いい子に育って　おくれよと
にん　にん　人魚の　お母さん

いつかは人に　なりたいと
月に祈るの　手をあわせ
それは叶わぬ　願いだと
にん　にん　人魚は夢の中

「国をおもう歌」

作詞　中北　幸宏
作曲　上村　寿徳

神代の昔の天降り
稲穂を授けてくださった
大神様の御心に
応えてみせよう　土おこし
応えてみせよう　土おこし

初穂の育ちのうれしさに
感謝の二文字が胸に湧く
黄金の海原　広がりて
これぞ祖国のまほろばぞ
これぞ祖国のまほろばぞ

子孫に伝えよ稲魂を
幾千年の未来まで
荒ぶる神をも怖れずと
大地の命の鼓動あり
大地の命の鼓動あり

芦原瑞穂の中つ国
稲穂を育てて富み栄え
忘れた絆を呼び戻し
試練を乗り越え　日を仰ぐ
試練を乗り越え　日を仰ぐ

2014年
山田奉行　大岡忠相
〜伊勢の夜明けは日本の夜明け〜

「伊勢の夜明けは日本の夜明け」

作詞　中北　幸宏
作曲　上村　寿徳

ここに流れる　すてきな空気
ここに集まる　すてきな仲間
感じるでしょう　風の歌
聞こえるでしょう　笑い声
さあ　あなたも　うつむかないで　顔上げて
ここにつながる　神代の軌跡
ここでつながる　不思議な縁《えにし》

継承《つたえ》ていこう　神都伊勢
創っていこう　ふるさとを
さあ　あなたも　うつむかないで　顔上げて
届けよう　新しい風
迎えよう　新しい明日
伊勢の夜明けは　日本の夜明けだ

「悪事のあとに福来たる」

作詞　中北　幸宏
作曲　上村　寿徳

走る　走る　走る　悪事　千里を走る
山の彼方の　谷深く　埋蔵金が　あるという
そこ掘れ　ワンワン　そこ掘れ　ワンワン
大判小判が　ザックザク

おれのものは　おれのもの
人のものも　おれのもの
悪党稼業は　やめられない
悪事のあとには　福来たる

おれのものは　おれのもの
人のものも　おれのもの
悪党稼業は　やめられない
悪事のあとには　福来たる

#「真夏に泳ぐ鯉のぼり」

作詞　中北　幸宏
作曲　上村　寿徳

親の願いは　ただ一つ
かわいいわが子よ　すくすく育て
悪いやつらにゃ　気をつけろ
熱中症にも　気をつけろ

心身ともに　健康で（ハーイ）
そんな真夏の大空に
季節外れの　鯉のぼり
苦難に負けじと　ゆうゆうと

泳ぐ姿が　大好きさ
そんな真夏の大空に

心身ともに　健康で（ハーイ）
そんな真夏の大空に
季節外れの　鯉のぼり
苦難に負けじと　ゆうゆうと
泳ぐ姿が　大好きさ
そんな真夏の大空に

2015年サクラとハナミズキ～尾崎行雄の奇跡と軌跡～

「二十歳の花」

作詞　中北　幸宏
作曲　上村　寿徳
（ラップで）
春も盛りの夜の町
桜が咲くのを待ちわびる
行きかう人に顔そむけ
届かぬ夢を膨らます
あ～二十歳の僕はまだつぼみ
今年は二千十五年
あ～きっと花を咲かせます
二十歳の花を咲かせます

「海を渡った桜たち」

作詞　中北　幸宏
作曲　上村　寿徳

海を渡った桜の苗が
届いた町はワシントン
大地にしっかり根をはって
寒い季節を乗りこえる
友情のつぼみが膨らんで
今が盛りの三千本
人の心を解きほぐし
平和の誓い交わします

青い空と白い雲
川の流れに浮かびくる
笑顔あふれる花模様
桜吹雪もあでやかに
人の心を解きほぐし
平和の誓い交わします
人の心を解きほぐし
平和の誓い交わします

「ようこそサクラ」

作詞　中北　幸宏
作曲　上村　寿徳

超えたいよ　OVER　THE　BLOCK
広い海超え　時を超え
言葉の壁や　肌の色
思想や宗教　飛び越える

そのときゃパアっと咲くのさ
私は桜の　NICE　LADY　OH　YEAH
サクラ　サクラ　ワシントンの空に
見渡す限り　百マイル
サクラ　サクラ　朝日がサンシャイン

サクラ　サクラ　ＬＯＶＥ　ＯＮＥ　ＰＩＥＣＥ
ＦＯＲ　ＹＯＵ

伝えたいよ　ＰＵＲＥ　ＭＥＳＳＡＧＥ
あなたの胸に　届けたい
夢はきっと　叶うから
あきらめないで　春は来る

そのときゃパアっと咲くのさ
私は桜の　ＰＲＩＮＣＥＳＳ　ＯＨ　ＹＥＡＨ
サクラ　サクラ　ワシントンの空に
見渡す限り　百マイル
サクラ　サクラ　朝日がサンシャイン
サクラ　サクラ　ＬＯＶＥ　ＯＮＥ　ＰＩＥＣＥ
ＦＯＲ　ＹＯＵ

２０１６年
サクラとハナミズキ～尾崎行雄の奇跡と軌跡～玉城公演

「さくらの心とハナミズキ」

作詞・作曲　永田　陽子
作曲　上村　寿徳

さくらとハナミズキ
美しい日本
あたたかい心
友情のはなし
さあ　さあ　はじまり

「愛子先生の唄」

作詞・作曲　永田　陽子
作曲　上村　寿徳

一人じゃ何もできない
仲間をつくりなさい
だけど仲間をつくるには
あなたから言い出さないと　始まらない
さあ　やってごらんなさい

２０１６年　希望のふるさと　伊勢志摩

「希望のふるさと　伊勢志摩」

作詞・作曲　永田　陽子
作曲　上村　寿徳

聴こえる　この場所で
あふれる太陽　果てしなく続く
海の歌声が　古《いにしえ》より続く
この場所で出逢い　別れ
命がきらめく

風に包まれて　森に抱《いだ》かれて
海に護られて　命は続いてく
いつまでも　変わらない
いつまでも　ここにいる

この場所は　希望　未来
すべてが広がる

涙あふれても　前へ進んで行く
空から太陽が　私を抱きしめる

風に包まれて　森に抱かれて
海に護られて　命を繋いでいく

いつまでも　変わらない
永遠に　ここにいる

2022年
倭姫ものがたり

「まほろばの国　倭」

作詞　永田　陽子
作曲　上村　寿徳

倭は　国のまほろば　倭し　うるはし
「大和は国で一番美しい所、倭は美しい。」
倭は　国のまほろば　倭し　うるはし
「大和ではない、美しい場所へ、旅に出る。」

劇団伊勢

昭和 38 年　発足（旧名称「劇団伊勢青年劇場」）
平成 4 年　三重県文化奨励賞　受賞
令和 4 年　三十三ふるさと三重文化賞　受賞
団長　佐藤太亮（昭和 29 年生まれ　サトウ造園）

連絡先　〒 516-0804 三重県伊勢市御薗町長屋 2910
電話 090-4082-5480

「劇団伊勢」の物語
―芝居と生きる―

2023年5月15日　初版1刷発行

著　者　堀口裕世
企画・監修　河合真如
発　行　樹林舎
〒468-0052　名古屋市天白区井口1-1504-102
TEL:052-801-3144　FAX:052-801-3148
http://www.jurinsha.com/
発　売　株式会社人間社
〒464-0850　名古屋市千種区今池1-6-13　今池スタービル2F
TEL:052-731-2121　FAX:052-731-2122
e-mail:mhh02073@nifty.com

印刷製本　モリモト印刷株式会社

ISBN 978-4-908627-93-4
*定価はカバーに表示してあります。
*乱丁・落丁本はお取り替えいたします。